长江文明之旅

总顾问　冯天瑜　钮新强
总主编　刘玉堂　王玉德

长江流域的名城古镇

万艳华　编著

长江出版社

冯天瑜

长江文明馆献辞
（代序一）

无边落木萧萧下，
不尽长江滚滚来。
——杜甫《登高》

江河提供人类生活及生产不可或缺的淡水，并造就深入陆地的水路交通线，江河流域得以成为人类文明的发祥地、现代文明繁衍畅达的处所。因此，兼收自然地理、经济地理、人文地理旨趣的流域文明研究经久不衰。尼罗河、幼发拉底—底格里斯河、印度河、恒河、莱茵河、多瑙河、伏尔加河、亚马孙河、密西西比河、黄河、珠江等河流文明，竞相引起世人关注，而作为中国“母亲河”之一的长江，更以丰饶的自然秉赋、悠远深邃的文化积淀、广阔无垠的发展前景，理所当然成为江河文明研究的翘楚。历史呼唤、现实诉求，长江文明馆应运而生。她以“长江之歌 文明之旅”为主题，以水孕育人类、人类创造文明、文明融于生态为主线，紧紧围绕“走进长江”、“感知文明”和“最长江”三大核心板块，利用现代多媒体等手段，全方位展现长江流域的旖旎风光、悠久历史和璀璨文明。

干流长度居亚洲第一、世界第三的长江，地处亚热带北沿，人类文明发生线——北纬30°线横贯流域。而此纬线通过的几大人类古文明区（印度河流域，两河流域、尼罗河流域等）因亚热带副高压控制，多是气候干热的沙漠地带，作为文明发展基石的农业仰赖江河灌溉，故有“埃及是尼罗河赠礼”之说。然而，长江得大自然眷顾，亚洲大陆中部崛起的青藏高原和横断山脉阻挡来自太平洋季风的水汽，凝集巫山云雨，致使这里水热资源并富，最适宜人类生存发展，是中国乃至世界自然禀赋优越、经济文化潜能巨大的地域。

长江流域的优胜处可归结为“水”—“通”—“中”三字。

一、淡水富集

长江干流、支流纵横，水量充沛，湖泊星罗棋布，湿地广大，是地球上少有的亚热带淡水富集区，其流域蕴蓄着中国35%的淡水资源、48%的可开发水电资源。如果说，石油是20世纪列国依靠的战略物资，那么，21世纪随着核能及非矿物能源（水能、风能、太阳能等）的广为开发，石油的重要性呈缓降之势，而淡水作为关乎生命存亡而又不可替代的资源，其地位进一步提升。当下的共识是：水与空气并列，是人类须臾不可缺的“第一资源”。长江的淡水优势，自古已然，于今为烈，仅以南水北调工程为例，即可见长江之水的战略意义。保护水生态、利用水资源、做好水文章，乃长江文明的一个绝大题目。

二、水运通衢

在水陆空三种运输系统中，水运成本最为低廉且载量巨大。而长江的水运交通发达，其干支流通航里程6.5万千米，占全国内河通航里程的52.5%、水上运输量的80%，是连接中国东中西部的“黄金水道”，其干线航道年货运量已逾十亿吨，超过以水运发达著称的莱茵河和密西西比河，稳居世界第一位。长江中游的武汉古称“九省通衢”，即是依凭横贯东西的长江干流和南来之湖湘、北来之汉水、东来之鄱赣造就的航运网，成为川、黔、陕、豫、鄂、湘、赣、皖、苏等省份的物流中心，当代更雄风振起，营造水陆空几纵几横交通枢纽和现代信息会集区。

三、文明中心

如果说中国的自然地理中心在黄河上中游，那么经济地理、人口地理中心则在长江流域。以武汉为圆心、1000千米为半径画一圆圈，中国主要大都会及经济文化繁荣区皆在圆周近侧。居中可南北呼应、东西会通、引领全局，近年遂有“长江经济带”发展战略的应运而兴。长江经济带覆盖中国11个省（市），包括长三角的江浙沪3省（市）、中部4省和西南4省

（市）。11省（市）GDP总量超过全国的4成，且发展后劲不可限量。

回望古史，黄河流域对中华文明的早期发育居功至伟，而长江流域依凭巨大潜力，自晚周疾起直追，巴蜀文化、荆楚文化、吴越文化与北方之齐鲁文化、三晋文化、秦羌文化并耀千秋。龙凤齐舞、国风—离骚对称、孔孟—老庄竞存，共同构建二元耦合的中华文化。中唐以降，经济文化重心南移，长江迎来领跑千年的辉煌。近代以来，面对“数千年未有之大变局”，长江担当起中国工业文明的先导、改革开放的先锋。未来学家列举“21世纪全球十大超级城市”，依次为：印度班加罗尔、中国武汉、土耳其伊斯坦布尔、中国上海、泰国曼谷、美国丹佛、美国亚特兰大、墨西哥昆坎—图卢姆、西班牙马德里、加拿大温哥华。在可预期的全球十大超级城市中，竟有两个（武汉与上海）位于长江流域，足见长江文明世界地位之崇高、发展前景之远大。

为着了解这一切，我们步入长江文明馆，这里昭示——

一道天造地设的巨流，怎样在东亚大陆绘制兼具壮美柔美的自然风貌；

一群勤勉聪慧的先民，怎样筚路蓝缕，以启山林，开创丰厚优雅的人文历史。

（作者系长江文明馆名誉馆长、武汉大学人文社科资深教授）

一馆览长江 水利写文明
（代序二）

钮新强

“你从雪山走来，春潮是你的风采；你向东海奔去，惊涛是你的气概……”一首《长江之歌》响彻华夏，唱出中华儿女赞美长江、依恋长江的深厚情感。

深厚的情感根植于对长江的热爱。翻阅长江，她横贯神州6300千米，蕴藏了全国1/3的水资源、3/5的水能资源，流域人口和生产总值均超过全国的40%；她冬寒夏热，四季分明，独有的北纬30°神奇，形成了巨大的动植物基因库，蕴育了发达的农业，鱼儿欢腾粮满仓的盛景处处可现；她有上海、武汉、重庆、成都等国之重镇，现代人类文明聚集地如颗颗明珠撒于长江之滨；她有神奇九寨、长江三峡、神农架等旅游胜地，多少享誉世界的瑰丽美景如数家珍；她令李白、范仲淹、苏轼等无数文人墨客浮想联翩，写下无数赞美的词赋，留下千古情。

长江两岸中华儿女，繁衍生息几千年，勤劳、勇敢、智慧，用双手创造了令世人瞩目的巴蜀文明、楚文明及吴越文明。这些文明，如浩浩荡荡的长江之水生生不息，成为中华文明重要组成部分。

人类认识和开发利用长江的历史，就是一部兴利除弊的发展史，也是长江文明得以丰富与传承的重要基石。据史料记载，自汉代到清代的2100年间，长江平均不到十年就有一次洪水大泛滥，历代的兴衰同水的涨落息息相关。治国先必治水，成为先祖留给我们的古训。

为抵御岷江洪患泛滥，李冰父子筑都江堰，工程与自然的和谐统一，成就了千年不朽，成都平原从此“水旱从人、不知饥馑”,天府之国人人神往。

一条京杭大运河，让两岸世世代代的子孙受惠千年。今天，部分河段化身变为南水北调东线调水的主要通道，再添新活力，大运河成为连接古今的南北大命脉。

新中国成立以后，百废待兴，党和政府把治水作为治国之大计，长江的治理开发迎来崭新的时代。万里长江，险在荆江。1953年完建的荆江分洪工程，三次开闸分洪抗击1954年大

洪水，确保了荆江大堤及两岸人民安全。面对'54洪魔带来的巨大创伤，长江水利人开启长江流域综合规划，与时俱进，历经3轮大编绘，成为指导长江治理开发的纲领性文件。

“南方水多，北方水少，能不能从南方借点水给北方？”毛泽东半个多世纪前的伟大构想，是一个多么漫长的期盼与等待呀。南水北调的蓝图，在几代长江水利人无悔选择、默默坚守、创新创造中终于梦想成真，清澈甘甜的长江水在“人造天河”里欢悦北去，源源不断地流向广袤、干渴的华北平原，流向首都北京，流向无数北方人的灵魂里。

新中国成立以来，从长江水利人手中，长江流域诞生了新中国第一座大型水利工程——丹江口水利枢纽工程，万里长江第一坝——葛洲坝工程，世界最大的水利枢纽——三峡工程。与此同时，沉睡万年的大小江河也被一条条唤醒，以清江水布垭、隔河岩等为代表的水利工程星罗棋布，嵌珠镶玉。这是多么艰巨而充满挑战、闪烁智慧的治水历程!也只有在这条巨川之上，才能演绎出如此壮阔的治水奇观，孕育出如此辉煌的水利文明，为古老的长江文明注入新的动力!

当前，长江经济带战略、京津冀协同发展战略及一带一路战略正加推提速，长江因其特殊的地理位置与优质的资源禀赋与三大战略息息相关，长江流域的健康发展关系着三大战略的成败。因此，长江承载的不仅是流域内的百姓富强梦，更是中华民族的伟大复兴梦。长江无愧于是中华民族的母亲河，她的未来，价值无限，魅力永恒。

武汉，把长江文明馆落户于第十届园博会园区的核心，塑造成为园博会的文化制高点和园博园的精神内核，这寄托着武汉对长江的无比敬重与无限珍爱。可以想象，长江文明馆开放之时，来自五湖四海的人们定将发出无比的惊叹：一座长江文明馆，半部中国文明史。

（作者系长江文明馆名誉馆长，中国工程院院士、长江勘测规划设计研究院院长）

目　录

长江流域名城古镇概述 / 1

长江流域名城古镇的内涵与类型、分布与价值 / 2

长江流域名城古镇发展与演化的地理背景 / 4

长江流域名城古镇发展与演化的文化背景 / 5

胜绝惊身老 / 7

羌地东女国：结古 / 8

康巴坛城：昌都 / 13

东巴文化中心：丽江 / 17

文献名邦：大理 / 22

南诏故地：巍山 / 26

千年盐都：黑井 / 30

壮丽的大城：昆明 / 34

万里长江第一城：宜宾 / 39

大佛之乡：乐山 / 43

川省精华之地：自贡 / 47

南方丝路起点：平乐 / 52

天府之国：成都 / 56

世界著名水利工程：都江堰 / 61

嘉陵第一江山：阆中 / 65

山城雾都：重庆 / 70

郡邑浮前浦 / 76

湘西明珠：洪江 / 77

巴陵胜状：岳阳 / 81

楚汉郡国：长沙 / 86

楚文化发源地：江陵 / 91

钟聚祥瑞：钟祥 / 95

南船北马：襄阳 / 98

炎帝故里：随州 / 103

江城：武汉 / 106

江南昌盛之地：南昌 / 111

东方瓷都：景德镇 / 115

瓷源茶乡林海：瑶里 / 119

谁不忆江南 / 122

东南邹鲁：歙县 / 123

龙蟠虎踞：南京 / 127

天下第一江山：镇江 / 131

绿杨城郭：扬州 / 135

人间天堂：苏州 / 140

中国第一水乡：周庄 / 145

衣被天下：朱家角 / 148

东方明珠：上海 / 152

长江流域名城古镇概述

长江流域名称古镇的人文环境丰富多样。群居生存和劳动协作是长江流域名城古镇聚落的起点，农业、军事、商业和宗教是长江流域名城古镇发展的主要人文推动力。农业耕种是长江流域聚居的物质基础，军事防御使长江流域聚居更加安全，商业是长江流域聚居充满活力，宗教信仰则使长江流域聚居更有意义。

长江流域名城古镇的内涵与类型、分布与价值

长江流域是指长江干流和支流流经的广大区域，其干流流经青海、西藏、四川、云南、重庆、湖北、湖南、江西、安徽、江苏、上海共11个省（自治区、直辖市）数百条支流延伸至贵州、甘肃、陕西、河南、广西、广东、浙江、福建共8个省（自治区）的部分地区，总计19个省级行政区。长江流域横跨了中国东、中、西部三大经济区，是世界第三大流域；其流域总面积为180万平方千米，占中国国土面积的18.8%。长江全长习惯性地称为6380千米；其干流以宜昌、湖口为界，分为上、中、下游。宜昌以上为上游，长约4500千米，流域面积100万平方千米；宜昌至湖口为中游，长约950千米，流域面积68万平方千米；湖口以下为下游，长约930千米，流域面积12万平方千米。

长江是中华民族的“母亲河”，孕育了灿烂的中华文明，是中华大地名城古镇建设的发源地。这些名城古镇遍布整个长江流域的上、中、下游，直至入海口。它们有的曾是王朝都城，有的曾是当时的政治、经济重镇，有的曾是重大历史事件的发生地，有的因拥有珍贵的文物遗迹而享有盛名，有的则因出产精美的工艺品而著称于世。它们绵延发展至今，依然拥有典型的自然环境和完整的人文风貌。透过它们，我们可以触摸到古老中国鲜活的脉搏，嗅到华夏文明热烈的气息。它们是中国宝贵的文化遗产，是了解中国历史的珍贵资料。

根据中华人民共和国《文物保护法》第八条，我国的历史文化名城（简称“名城”）是指“保存文物特别丰富，具有重大历史文化价值和革命意义的城市”。而古镇内涵，应从两方面去界定：从时间角度出发，其是“有着百年以上历史的，供集中居住的建筑群”；从文化价值角度出发，则是指“保存文物特别丰富且具有重大历史价值或纪念意义的、能较完整地反映一定历史时期传统风貌和地方民族特色的乡镇”。

本书共介绍了26座名城及8座古镇，其主要位于长江干流流域。这36

座名城、古镇中的15座（名城11座、古镇4座）分布在长江的上游，11座（名城9座、古镇2座）分布于长江中游，8座（名城6座、古镇2座）分布在长江下游。以国家历史文化名城类型划分方式为依据，本书这35座名城、古镇可划分为：历史古都型、传统风貌型、一般史迹型、风景名胜型、地域文化型、近代史迹型、特殊职能型。其中，近代史迹型有昆明、重庆、长沙、武汉、南京、上海，风景名胜型有阆中、岳阳、镇江、扬州、苏州，一般史迹型有乐山、宜宾、襄阳、随州、钟祥，地域文化型有丽江、大理、巍山、歙县、结古、昌都、黑井，特殊职能型有自贡、都江堰、景德镇，传统风貌型有成都、江陵。

长江流域名城古镇的分布特点可以总结为“大分散，小集中”。依托长江流域优越的经济地理条件，名城古镇沿长江干流及支流河流走势，分散排布在长江干流及支流流域周边，宏观上呈现着“大分散”的布局特点；同时，由于长江流域上、中、下游各地区存在着经济水平、交通条件、人文氛围、民族文化等因素的差异性，一些地区的名城古镇数量较多、分布较为集中，则出现了“小集中”的分布特点。

长江流域的名城古镇具有丰富的历史内涵，承载着长江流域上下五千年的发展史；同时，它们是中华文化的重要组成部分，蕴涵着丰富的人文信息，具有良好的历史文化与艺术价值，科学以及现实价值。首先它们，最直接地记录了各历史时期长江流域的社会风貌，体现了各历史时期长江流域人们的生活状态，反映了各历史时期长江流域的城镇风貌，揭示了各历史时期长江流域人们的思想观念，因而是长江流域聚居文化的典型体现与物化写照，有着显著的地域文化特征，具有极其重要的历史文化价值。其次，这些名城古镇承载着人们的生活，与人们的艺术生活密切相关，深受长江流域不同美学观念及自然条件的影响，具有鲜明的艺术特点与浓厚的审美情趣；无论是名城古镇中的建筑特色、饮食文化，亦或是山水环境，都具有着极高的艺术价值，展现了长江流域不同区段的特有风情与艺术品位。第三，这些名城古镇是长江流域人们在长期与大自然斗争中保留下来的历史遗迹与智慧的结晶，具有极其珍贵的科学价值；尤其是在经历战乱与火灾、水患之后仍能保存完好，不得不说其具有诸多的科学道理。最后，这些名城古镇的历史文化以及名牌效应为其带来了有效的现实价值，是旅游开发事业或文化艺术活动的重要基础，亦为名城古镇带来一定的经济效益。

长江流域名城古镇发展与演化的地理背景

自然地理环境是城镇生长和发展的必备条件。长江流域名城古镇所倚赖的自然环境丰富多样，无论长江上、中、下游的自然环境有着多么大的差异，但长江流域的名城古镇均毫无例外地“依山傍水”：只是这“山”，从长江源头雄姿伟岸的雪域高原逐步演变为长江下游的细碎丘陵；这“水”，由长江源头的一泻千里最终化为江南的柔水软吟。在中国综合自然区划中，长江流域分属青藏区、西南区和华中区。概括地讲，青藏区以雪域高原为特色，西南区以险峻多姿为标志，而华中区则是水网纵横、丘陵起伏，一派鱼米之乡的繁荣。

长江源头在青藏高原的腹部，平均海拔5000米，山岭之间镶嵌着宽谷和盆地，水流时分时合，形成辫状水系；谷坡、河滩牧草茂盛，沼泽和湿地广布。在山河壮阔的自然环境下，气候高寒干旱，名城古镇大都选择背依大山的马蹄形凹地，青山环绕，水源较为稳定。由于高山的天然阻隔，各城镇之间都处于孤立发展的状态；民居依山而建，形成一簇簇从大地中生长出来的建筑景观，展示了人与自然的和谐共存。

长江穿过雪域高原，折转南行，再由川南向东奔走。长江上游地区是东亚、南亚和青藏高原三大地理区域的交汇处；这里汇集了高山峡谷、雪峰冰川、高原湿地、森林草甸、湖泊瀑布、地热温泉等奇异景观，是世界上罕见的自然风光最为多样、最为丰富的地区之一。这里也是世界上罕见的多民族、多语言、多种宗教信仰和风俗习惯并存的地区。名城古镇的发展深受这里的地形地貌及民族文化的影响。名城古镇成为他们在这里世代繁衍、交往、生活的栖所，成为古老文化信息的载体；并经过日积月累，形成一条特殊的民族走廊和历史文化沉积带。

长江流入中、下游地区时，长江及其支流所夹带的泥沙冲积形成广袤的平原，港汊纵横、湖泊密布。这里，文化发达、经济富裕，是“湖广熟，天下足”的鱼米之乡，更是人杰地灵、风光旖旎、景色秀丽的人文沃土。长江中、下游名城古镇的发展与水紧密相连，它们往往沿河筑路、跨河搭桥，因河成镇、枕河而居，形成特有的水乡城镇风景。

长江流域名城古镇发展与演化的文化背景

长江流域名城古镇的人文环境丰富多样。群居生存和劳动协作是长江流域名城古镇聚落出现的起点，农业、军事、商业和宗教是长江流域名城古镇发展的主要人文推动力。农业耕种是长江流域聚居的物质基础，军事防御使长江流域聚居更加安全，商业使长江流域聚居充满活力，宗教信仰则使长江流域聚居更有意义。这四个因素在不同的名城古镇有着强弱不同的表现：在长江源头地区，宗教信仰是名城古镇发展中非常重要的驱动力，而长江上游地区的名城古镇则随处可见军事防御的痕迹，长江中、下游地区的名城古镇则是依靠商贸流通才得以繁荣发展。

在长江源头，大大小小的名城古镇里，寺庙无处不在；整个藏地的宗教氛围使长江源头的名城古镇的人居环境更像是一片神居的净土。长江源头居住的是宗教信仰虔诚的以藏族为主的少数民族，这里最靓丽的人文景观无疑是大大小小的寺庙群。山口随风猎猎作响的风马旗、寺院和村口矗立的佛塔、路口的玛尼石堆、随风冉冉升起的炊烟，都在用有形或无形的方式构成长江源头名城古镇的文化风景线。在西藏宗教徒的眼里，高高的天空布满了神，云遮雾笼的雪山上居住着神，草原和河谷里生活着神，水里的鱼是神的化身，地里的庄稼都有灵魂。从出生第一天起，藏族人便要和各种神祇打交道；不少藏族贵族、头人常常自诩为神的后代，而且引为家族的光荣。寺院是藏地唯一的教育机构，也是唯一的文化传播场所；这里的宗教把单调的寺院生活与生动的世俗生活有机结合，创造了独特的寺院文化。但这种寺院文化在很大程度上不单纯属于寺院，而是属于全社会；因为它们不但是人们信仰的核心，也是人民接受教育的渠道，还是文化艺术的来源。可以说，寺院是长江源头名城古镇中文化表现最集中的地方，也是藏族社会精英荟萃的地方。

在长江上游地区，安全防御是名城古镇非常重要的一项社会功能。一部分名城古镇由唐代军镇发展而来，因此这类城镇不仅有城墙，而且有护城河、炮台等，军事防御功能十分完备。长江上游古代社会常常处于动荡之中，大小争战不断，民族迁徙无常，因此，其名城古镇选址特别强调防御与安全；许多名城古镇选建在地形险要之地，形成易守难攻之势。从社会人文角度来看，无论民防体系的普通设防与贵族官家的庄园堡寨、还是军事防御体系（长城防御体系）等，均在此地区有着较为集中的反映。

在长江中、下流域，传统城镇大都是一定地域的商品集散地，货物转运和零售贸易是城镇的主要生产经营活动。长江中、下游名城古镇的产业集群是非常丰富的，除了粮食贸易，还有水产品贸易。此外，如果说长江源头和上游地区一直活跃的茶马贸易、制盐贩盐是当时城镇繁荣的主要经济动因的话。那么，长江中、下游的木材、桐油、造纸等产业也是宋代以后城镇经济的重要组成部分。长江中、下游因水运兴旺的名城古镇，不仅店铺遍布，还有定期的集市贸易。有的店铺屋宇雄壮，门面广阔，“每一交易，动即千万”；城内到处都有酒楼、食肆、茶场，顾客常至千余人，甚至还出现了晚间营业的夜市，达到“车马阗拥，不可驻足”的程度。“买卖昼夜不绝，交更三鼓，游人始稀”；“奇巧器皿，百色物件，与日无异”。除了贸易活动，长江中、下游名城古镇的文化生活也十分丰富，庙宇、戏台、茶馆等消遣场所为名城古镇居民提供了各种休闲去处。

长江中、下游名城古镇因水运优势而繁荣，一些名城古镇逐渐发展壮大，成为当今的现代化都市，如上海、武汉、九江等。虽然在都市喧嚣的楼群里已很难找到名城古镇的身影，但它们恰恰就是长江中、下游城镇在新时期不断发展、繁荣的例证。

胜绝惊身老

自古被人称为“羌地”，唐代时又被叫做“东女国”的玉树结古镇，是长江源头最重要的古镇之一。它的西边是洪荒逶迤的唐古拉山，成为了长江、黄河、澜沧江三条江河的源头；它的北边则为大水无边的通天河和终年冰封的巴颜喀拉山脉。这里，不仅拥有三江之源、名山之宗的地理位置，而且还是名闻华夏的“中华水塔”“耗牛之地”“歌舞之地”。

羌地东女国：结古

「结古镇」

自古被人称为“羌地”、唐代时又被叫做“东女国”的玉树结古镇，是长江源头最为重要的古镇之一。它的西边是洪荒逶迤的唐古拉山，成为了长江、黄河、澜沧江三条江河的源头；它的北边则为大水无边的通天河和终年冰封的巴颜喀拉山脉。这里，不仅拥有三江之源、名山之宗的地理位置，而且还是名闻华夏的“中华水塔”“牦牛之地”“歌舞之乡”。就是在这样一方佛教渊源深厚的圣地里，粗犷的彩色嘛呢石城和神授传唱的高原艺人使这里笼罩上了一层浓重的神秘主义色彩，其周遭巍峨耸立的文成公主庙则使结古镇成为汉、藏交流历史上最值得纪念的地方。

结古镇海拔在4500米左右，古镇西侧的唐古拉山属于“万山之祖”——昆仑山系。中华民族的母亲河——长江源头的巴曲、扎曲在结古镇东侧汇合后成为结曲（曲在藏语中即溪流的意思），再汇入通天河，在玉树境内蜿蜒流淌800多千米。通天河从结古镇东面的山谷中奔流而出；以

> 通天河在各民族传说中都是通往天庭的：传说中，曾经有人荡舟河上，不知不觉到达天宫。

前，这里设有渡口，河边还筑有清康熙皇帝第十四子抚远大将军驻军的城池。通天河河水清澈见底，河中大大小小的石头星罗棋布；其中一块表面平整的巨石就是传说中的“晒经石”。相传，唐僧师徒四人在通天河打湿

「通天河」

了经书，就是在这块大石上晾晒经书；如今依稀可见的晒经石上的斑斑印痕也许就是晾晒经藏的遗迹。但晒经石虽在，而当年的唐僧师徒只在传说中留下身影。

“结古”，藏语意为“货物集散的地方”。这里，自古以来就是青、川、藏三地的重要贸易集散地和交通枢纽，著名的唐蕃古道就在此经过。

唐蕃古道是唐朝和吐蕃之间的交通大道，是唐代以来中原内地去往青海、西藏乃至尼泊尔、印度等国的必经之路，也是千百年来西藏进入中原的唯一通道。

作为唐蕃古道的重要驿站，文成公主和金城公主，都是从西宁经结古镇去拉萨的。因而，结古镇在藏族地区的交通区位上具有着重要作用。

结古镇西 20 多千米处，有一个叫贝纳沟的地方。当年松赞干布接到文成公主之后，两人曾在此休整一个多月，因而也是文成公主入藏过程中停留时间最长的地方。结古镇也由此留下了众多与文成公主有关的遗迹。贝纳沟里坐落着一座香火极盛的文成公主庙，叫“沙加公主庙”，由金城公主所建。庙中央高 8 米的文成公主坐像端坐在狮子莲花座上，1300 多年来一直香火不断，酥油灯昼夜常明。藏式风格的文成公主庙紧贴百丈悬崖，庙四周所有的悬崖和面积较大的石头上都刻着数不清的藏经。传说文成公主经过贝纳沟时，天上人间、地下龙宫，到处呈现出吉祥和欢腾的景象。为了答谢深情厚谊，文成公主特意在这里逗留了一个多月。就因为文成公主极不平凡的造化，贝纳沟处处展现着神话般的奇迹：在陡峭坚硬的岩壁上，天然出现了九尊自显佛像以及佛塔、经文等。而且，传说有三位享誉藏区的得道高僧路过贝纳沟，时值晌午，便到处找能搭炉子烧茶用的石头；结果他们跑遍整条沟，连一粒石子都没有找到。其实，沟里到处都是石头，就是不能用；因为高僧们发现，由于文成公主逗留的原因，每一块石头乃至每一粒石子上都是自显的经文和佛像。于是，他们给这条沟起了个好听的名字——贝纳沟，意为“十万佛经沟”；从此，贝纳沟这一名称流传至今。

「文成公主庙」

「萨格尔王雕像」

在结古镇，宗教的影响力通过说唱艺人的唱诵而更加生动，这些说唱艺人就是藏地所特有的格萨尔王史诗传播者。相传，藏传佛教史分为前、后弘法两个时期；在两个时期之间，藏王大肆灭佛，于是天神之子奉命下界拯救佛教。这位天神之子便是格萨尔王。格萨尔王一生降妖伏魔、除暴安良、南征北战，统一了大小150多个部落，岭国领土始归一统。更为重要的是，格萨尔王从印度请来佛法大师传法，开启了格后弘法时期。人们借助一代代说唱艺人来传颂格萨尔王的事迹。

《格萨尔王传》是世界上尚被中国西藏和中亚地区民众传唱的最后一部史诗，它长达60万诗行，是世界上最长的史诗。

结古镇的说唱艺人分很多种：有的借助一面铜镜，格萨尔王的事迹就会自然显现在铜镜上；有的借助书本，只要有一本书，不论什么语言，他就能借助纸张看到格萨尔王史诗而大声说唱。而号称玉树说唱第一人的达瓦扎巴经由神授，不需要借助任何手段就如流水般顺畅地说唱。从小放羊的达瓦扎巴并不识字，在他14岁那年，有一次上山放羊，睡着了。在睡梦里，一位老僧人对他说："孩子，我授予你三项本事，精通鸟的语言，精通走兽语言，精通天下最伟大的故事。你选一种吧。"达瓦扎巴想，前两项即使我会，也没人能相信，便选择最后一种。老僧人从袈裟里掏出一顶帽子，并将帽子里的七粒米洒在他的胸口，然后说："我赐予你说唱天下最伟大故事的能力。现在我要向东而去，你要追随我。"达瓦扎巴醒来后并不记得内容，回到家却昏迷不醒，胡言乱语；后来才知道，那都是格萨尔王史诗的内容。三年后，达瓦扎巴结束了拉萨的朝圣之旅；归途中，他突然开口大唱，说了三天三夜。回到玉树，达瓦扎巴开始了说唱艺人的生涯。而今，达瓦扎巴刚刚三十出头，他说自己心里藏着170部经文，但目前只说了 30部。每年的赛马节是他最开心的时候，要连续说上五天，有更多人可以听到格萨尔王的事迹。

在结古镇，宗教的影响力不仅通过说唱艺人进行传播，而且还通过随处可见的嘛呢石而随时随地具有教化力。所谓嘛呢文化，自然与嘛呢石息息相关。在结古镇，无论是在广袤的草甸上，还是路边河岸，或者是通往寺庙的小径，都可以看到刻满藏文佛经的石头，大的如圆桌、小的似弹丸，一堆堆、一摞摞，遍布各处。传说，嘛呢石的起源与结古镇北的通天河有关。当年唐僧师徒取经归来，路过通天河，因得罪神龟而使经书跌落江中；师徒四人只好把经书翻开，晒在石上，结果经文印到石头上面，便成了嘛呢石。

结古镇的新寨村有一座巨大的嘛呢石城，已经存在了几百年。在漫长的岁月里，朝拜的人们围绕着嘛呢石墙转了一圈又一圈；他们口念经文、手转经轮，把刻有六字大明咒的石块堆在石墙之上，最终形成了这个拥有20多亿字的石头经文图书馆。在这布满嘛呢石、佛堂、佛塔、经幡的新寨，每天都有众多的信徒从四面八方来到这里；他们相信，常念“嘛呢”，死后可不入地狱，甚至升至极乐世界。更有一些藏民，他们祖祖辈辈生活在嘛呢石堆旁边，用手中的铁钎一代代地刻着六字真言；这既是在消除苦难，又是在积累功德。一块块嘛呢石上，印下的是他们虔诚的宗教信心。结古镇名称来源于当地的结古寺，结古寺创建于元代，曾经有三个活佛系统，其中就有第一世嘉那活佛——丹珠尼夏。他曾经游历印度与中原，正是他在结古镇造就了与文成公主遗迹并称的嘛呢文化。相传，新寨村的第一块嘛呢石便是由丹珠尼夏发现的。那块光滑的石头感受到丹珠尼夏的目光时，闪烁发光的六字真言便在石头上显现；人们称之为“显嘛呢石”，而新寨这个石堆也被称为“嘉那嘛呢石堆”。2005年，上海大世界吉尼斯把它评选为世界上面积最大的嘛呢石堆。

「嘉那嘛呢石堆」

康巴坛城：昌都

「昌都」

作为康巴地区腹地的西藏昌都地区，自古就是藏东政治、经济、文化及交通中心。昌都古镇是昌都县治所在地，也恰好是川藏公路中心点。“昌都”一词在藏语中有两河交汇之意。澜沧江上游支流杂曲、昂曲穿越昌都，将昌都镇分割成加惹坝、四川坝、云南坝、马草坝四个坝子（即台地）；其中，加惹坝是老镇区，四川坝设有医院，云南坝为行政机关驻地，马草坝是新建文化区。登上马草坝东北坡，鸟瞰全镇，古镇犹如一个宝瓶，扎曲、昂曲，有如雄鹰展翅，景色壮丽。

昌都有着毗邻川、滇、青三省的独特区位优势。发源于唐古拉山的三江——金沙江、澜沧江和怒江从西北向东南分别流往青海的玉树藏族自治州、西藏的那曲和昌都地区，最后流入云南和四川两省。与三江并列的高大山脉自东向西依次为芒康山、他念他翁山和念青唐古拉山。在雄伟、高峻的大山挟持下，三江谷地成为阻隔内地与西藏交通的天堑。辽阔的地域、巨大的高差，使三江流域具有南热北凉的气候差异，有着垂直气候变化的特点。

“三山三江”的峡谷地带是历史上藏、汉之间因茶马交易而形成的主要交通要道。这条交通要道始于卫藏，沿雅鲁藏布江东行，经林芝抵达茶马古道的一个重要枢纽——昌都。自昌都起，茶马古道分成南、北两道：滇藏道和川藏道。唐宋以前，这条道路就已存在并十分繁荣，它不仅是川、滇、藏地区古代先民们迁移流动的通路，也是川、滇、藏三地间古代

「茶马古道」

文明传播和交流的重要孔道。许多古代先民在这里留下了他们的踪迹，许多原生状态的古文化至今仍在这里积淀、保存，许多历史之谜和解开这些历史之谜的线索都掩藏其中。千百年来，不仅是汉、藏之间，藏族与西南其他少数民族之间，乃至藏族内部各个族群之间的文化交流与传播也都在这里默默地、不间断地进行着。这里既有民族文化的冲突与碰撞，也有各种民族文化之间积极的互动、融合与同化。

自古以来，回族、汉族、纳西族、维吾尔族等多民族移民先后迁居昌都地区，成为该地区的历史移民。昌都地区移民与当地土著间的族际婚姻比西藏其他地区多；这些非藏族移民的迁入，将各民族文化植入昌都，使之不仅成为藏彝走廊的核心组成部分，同时也成为众多民族活动的舞台以及经济、文化交流的桥梁和枢纽。

汉族迁入后对当地文化产生了较大影响，如舞蹈的动作，绣有“清”“兵”汉字的舞衣等。事实上，在汉族进入昌都前，藏汉文化交流已在昌都产生了影响，如：贡觉的通夏寺就是藏、汉、印度三式合璧的建筑风格，噶玛寺的大殿是藏、纳西、汉三式合璧的建筑风格，类乌齐查杰玛大殿的建筑风格就是藏、汉、尼泊尔三式合璧等。另外，汉人的组织模式也影响了昌都的藏族妇女，昌都镇的藏族妇女结拜组织为藏族妇女姐妹提供了相互帮助、相互倾诉的场所。在这一方面，全国藏区中，仅有甘孜、迪庆等少数地区可与昌都相提并论，而在西藏各地区中则绝无仅有。

昌都的回族移民大多来自甘、陕、青、滇等省。回族“大分散、小集中”的聚居特点也体现在昌都，围绕着清真寺的地带往往成为回族的居住区。回族移民的迁入，不仅将回族风俗习惯带到昌都，而且将伊斯兰教传入昌都。昌都本地藏文化也对移民产生了很大影响，如：汉、回移民中部分人使用藏名，汉、回移民生活习惯的藏化等。同时，由于外来移民的影响，昌都在民族面貌上表现为族际婚姻带来的广泛混血性，使得这一区域的文化面貌呈现出多民族、多宗教、多文化和平共存的“香格里拉”式景象。

昌都镇东南12千米处的卡若遗址，是一处新石器时代晚期的文化遗址，年代为距今4000~5000年。卡若遗址发现于1978年，遗址总面积约1公顷，是考古界公认的西藏三大原始文化遗址之一，命名为“卡若文化”。

卡若遗址的发掘对于研究西藏的原始文化具有划时代的意义，为西藏人的祖源提供了翔实的资料。卡若遗址的发掘证明，西藏高原自古就有人类繁衍生息，并将西藏历史向前推进了3000年；同时也说明西藏和中国其他地区一样，早在5000多年前就已经形成了文明主干。但卡若文化并非西藏高原一种孤立发展的原始文化，而是与黄河中、上游地区的原始文化有着或多或少的联系。遗址中出土的玉器和海贝是卡若居民与各个地区的民族相互交换而得来的，这说明：尽管西藏和其他地区之间有高山、大河的阻隔，但并不能断绝本地居民和其他民族的正常交往。同时也说明：横断山区南北走向的6条江河把千万年来无法互相见面和交流的黄河、长江两大文明在此连接起来，沿江、河而上的北方和南方各民族终于在横断山区相见、相交、相知、相融。因此，自新石器时代开始，康巴地区就形成了多民族、多文化的多重性特点。昌都的卡若遗址就是一个典型的例子，北方的细石器文化、长江流域的粟米文化和南方的贝壳文化在此相遇；这一地理上的“横断”却“横断”成了不同特点的多民族、多文化形式。

「卡若遗址」

昌都寺亦称“强巴林寺”或“昌都强巴林寺”，寺庙第一大活佛第十一世帕巴拉·格列朗杰现任全国政协副主席。昌都寺建于明朝，是宗喀巴改革西藏佛教以后由他的弟子所建立的，因寺内主供强巴（大慈）佛，故称“强巴林寺”。站在达马拉山顶上，依山傍水的昌都尽收眼底：杂曲和昂曲之中，强巴林寺依附在横断山脉之下巍峨，耸立在古冰河切割而成的红壤层上，景象非常壮观。

「强巴林寺」

强巴林寺的坛城非常有特色。从每年藏历十月二十五日的燃灯节开始，强巴林寺所属九个扎仓便开始制作沙坛城。坛城源于印度佛教密宗，系密宗本尊及其眷属聚集的道场。古代印度密宗修习“密法”时为防止“魔众”侵入，遂筑方、圆的土坛，安请诸尊于此以祭供。从2500多年前，佛陀亲自教导弟子制作沙坛城开始，这门精致绝伦的宗教艺术就代代相承，从无间断。11世纪，坛城由印度北传到西藏，遂保存至今。“坛城”的制作方式有多种，可透过平面或立体形式表现，手绘、铜铸、沙砌、木雕，各具特色。坛城构图井然有序，方、圆相间，色彩则绚烂缤纷、光华夺目，几何结构精密，俨然世界的缩影。沙质坛城最能体现佛教精神。

「沙坛城」

沙坛城以手轻拂即归空，最能呼应“无常、幻化、不执着、空性”的佛法本质；“繁华不过是一掬细沙”，一切不过是过眼云烟罢了。

它选用特殊细沙砌成。由于沙是构筑世界最基本的元素，沙坛城难建而易毁、美丽而脆弱，转眼就消逝，因而最能具体揭示情、器世界之“虚幻无常”的空性本质。

在昌都古镇街头，人们经常会在人群中看到气宇轩昂的藏族男人，他们被称为“康巴汉子”。康巴人是指生活在藏东地区及其他使用康区方言

「康巴汉子」

的藏族人，昌都地区是康巴人的主要分布区。康巴男性大多身材魁梧、面容刚毅，长发披散有如雄狮的鬃毛，是典型的美男子和天生的战士。所以，你在街上看到那些神情倨傲、步履矫健的藏族人，十有八九就是康巴人。无论面部表情、还是体态，康巴人都是严肃而沉着的，少有言语，但他们的眼睛里却满是精、气、神，仿佛有压抑不住的激情。在服饰上，康巴人最显著的特征就是头上缠着一大把红色或者黑色的丝线。康巴人是各藏区中最为执着的藏传佛教徒。这种执着中揉合着他们的性格因素，显得更加坚忍。

东巴文化中心：丽江

「丽江古城」

位于云南省西北部、金沙江中游、横断山系南段的丽江市是滇、川、藏的结合部及其西进世界屋脊之门，又是中国香格里拉生态旅游区的重要组成部分。这里不仅实现了万里长江由南向东的伟大转折，而且，在横断山脉的夹持之下，金沙江、澜沧江、怒江形成了“三江并流”的奇观；而金沙江在丽江石鼓形成的万里长江第一弯正是“丽江”之名的起源。独特的地理区位使得丽江地区自古以来就是我国西南交通贸易大动脉——南方“丝绸之路”和由西藏入境的“茶马古道”的中转站，是滇、藏贸易的集散地和中原文化、外来文化交流、沟通与相互渗透、影响的枢纽。丽江古城于1997年被列入

《世界文化遗产名录》。

坐落于滇、川、藏交通要冲的丽江古城的形成和发展与茶马古道息息相关，正是茶马古道的繁荣造就了古城的辉煌，让这里一度与丝绸之路齐名；而藏、白、彝等各少数民族与纳西族之间的相互融汇也是在千百年来的茶马商贸中逐步实现的。形成于汉代的茶马古道有两条主要路线：其一是从滇西南的普洱茶原产地（今西双版纳、思茅等地）出发，经大理、丽江、中甸、德钦而至西藏的邦达、察隅或昌都、洛隆、林芝、拉萨，再经由江孜、亚东分别到缅甸、尼泊尔、印度；另一条从四川雅安出发，经泸定、康定、巴塘、昌都到拉萨，再到尼泊尔和印度。漫长的贩运途中需要一个个大小不等的驿站用以集散和中转，而茶马互市繁荣使这一个个驿站不断发展壮大，最终成为商贸重镇。丽江古城就是这样一个典型的由马帮活动驿站最终演变为繁荣城镇的案例。千百年茶马商贸所形成的茶马文化大大推动了丽江古城中各少数民族文化的交汇与融合。古城中除纳西族外，还有藏族、回族、白族、汉族等，是一个多民族、多姓氏的聚落。各民族之间在建筑风格、饮食文化、生活习惯等方面相互影响、相互融合，最终形成民族共荣、多元共生的多民族生活方式。

「茶马古道」

丽江古城处处可见流水。而水，历来是滇中的气脉。古城的血脉，因水而流动；古城的身姿，因山而峭拔。雪山近在咫尺，白雪化作了山泉，山泉充沛了河流，河流滋养了古城，古城孕育了人民。位于城北的玉泉河是古城主要的水源。当其流经古城时，乃分为三条支流，入墙绕户、过树穿花，像伸入古城每个角落的根根血管。这流水千折百回，穿过了各种式样的门户，穿过了不同名目的游廊，穿过了栽花滃草的天井，穿过了粉壁无暇的巷道，从久远的宋代流到了今天。因了水的缘故，今日的丽江古城才变得活而不躁、静而不死，别具一番情致；而在此居住的人的性格中竟也滋生出了水的灵秀和水的温柔。

「小桥流水」

古城建筑大小相宜、聚散得当，或是邻山近水、或是傍草倚花。进入古城，便给人以“不是江南，胜似江南”的舒适感，丽江因此被誉为“高原姑苏”，有苏州的风雅、江南的精致。古城的心脏——四方街有四条主要干道从这里通往四面八方，每条干道又有数十条巷道伸向古城的各个角落。这里既无汽车的轰鸣，也无都市的喧嚣；漫步古城，五花石铺就的巷道在足音叩击之下，仿佛在讲述着遥远的沧海桑田。石桥的厚重，里巷的深幽，仿佛让人神游在古代。

「四方街」

如果说古城的小桥流水仅仅只是令你心动的话，纳西古乐则有可能让你心旷神怡。

纳西古乐被称为“人类文明的音乐活化石”，它不仅在中国和世界文化发展史上具有独特的地位，而且还将在今后的民族文化发展中继续起到不可替代的作用。

纳西古乐由白沙细乐、洞经音乐和皇经音乐组成（皇经音乐现已失传），融入了道教法事音乐、儒教典礼音乐，甚至是唐、宋、元的词、曲牌音乐，形成了它独特的灵韵。这种古乐是云南省最为古老的音乐，是纳西族人民在接受以儒、道文化为代表的中原文明的影响下而创建的艺术结晶。它有三个特点：一是曲目（音乐）古老；二是乐器古老；三是演奏的

「纳西古乐」

人老，大部分是七八十岁的老年人。在丽江古城的纳西古乐队中，很多技术高超的演奏者手中拿的乐器是有好几百年历史的古董，那音质像钢一样脆、像丝一样绵，像潺潺的水流、像咆哮的大河、像万匹奔腾的骏马……而那些演奏者也会让人惊奇不已，他们中有教师、农民、鞋匠、马车夫，还有国家退休公务员。从音乐分类学的角度来看，纳西古乐可分为三个部分：一是以“热美磋”为代表的民间歌舞器乐音乐；二是“崩石细哩”即白沙细乐，这是集歌、舞、乐之大成的11首弥足珍贵的大型套曲；三是明洪武年间和嘉靖年间从中原传入丽江的唐、宋词曲音乐。听过这种纳西古乐的人们不仅会感到这种音乐的魅力，还能体味到纳西族文化的博大精深。如今的纳西古乐不仅深受纳西族人民的喜爱，而且也得到了世界许多国家的青睐。

丽江古城随处可见一种象形文字，有印在布上、有刻于木板、有书于纸上，或用作装饰、或自成艺术品，甚至在路牌上也是普通汉字与这种象形文字并用，给人一种淳朴的美感；这种象形文字叫“东巴象形文字”。东巴文是居于西藏东部及云南省北部的少数民族纳西族所使用的文字，丽江是东巴文字的发源地。东巴文源于纳西族的宗教典籍兼百科全书的《东巴经》；由于这种原始的图画象形文字由东巴（智者）所掌握，主要为东巴教徒传教书写东巴经文，故称“东巴文”。东巴文创始于唐代，至今已有1000多年的历史，大约有1400个单字，至今仍为东巴（祭司）、研究者和艺术家所使用。东巴文见木画木、见石画石，比巴比伦楔形文字、古埃及圣书文字、中美洲玛雅文字和中国甲骨文字显得更为原始、古朴，是目前世界上唯一仍然活着的象形文字，被古文字学家视为全人类的珍贵文化遗

「东巴文字」

产。这种犹如早期印象画的东巴文字，形状夸张，大胆概括，气势生动，像一串流畅、灵动的音符。其字形带有浓厚的图画味道，但是每个图形都已经有它固定的概念、固定的线条和笔法，有了固定的读音，已经成为表示语言里某个字、词的符号；其是介乎于图画文字和表意文字之间的一种文字符号。纳西东巴们用竹子削成竹笔，用松烟加胶水墨在一种木质纤维上书写下几万卷卷帙浩繁的东巴经书；有的象形文字还涂上了颜色。它们记录下纳西先民对宇宙的冥想、对自然的探索，对万事万物的起源等纯朴而又不乏哲理的解释。

元、明以来，丽江历代木氏土府大量吸收汉文化，在经济、建筑、技术等方面更加密切了与内地的联系，继而大兴土木，仿北京紫禁城营造了“拟于王者”的土司官署。木氏土府坐落在丽江古城狮子山的东南麓，原是一组宏伟、完整的宫室、庙宇建筑群，占地近4公顷。建筑群分两大部分：一部分为主体建筑，仿北京紫禁城之制，建“金水桥”(马鞍桥)、“只大殿”(护法楼)，由忠义坊—园池—护法楼—光碧楼—玉音楼—三清殿形成明显的中轴线，从南到北随地形逐级升高，最后以狮子山作为“御苑”，其规模宏大，殿室壮丽；另一部分即主体建筑群东南的家庙与生活居住部分，由宅院、皈依堂、万卷楼(木氏藏书楼)等建筑组成。木氏土府又引西河水由东至南，经忠义坊前之“金水桥”至西北形成“护城河”。桥前有广场和三重牌楼；最著名的一重牌楼为忠义坊，系明时木氏参政署正大门。现经实地勘测的清末木氏土府建筑群虽然不能完全反映明代木氏土府极盛时期的宏大规模，但仍可窥见“宫室之丽，拟于王者”(徐霞客《滇游日记六》)之端倪。木氏土府一带也是丽江古城建筑精华荟萃之所，除土府外，还有众多的住宅大院。这不仅对于研究近千年土司统治下的政治、经济、文化状况有着重大价值，而且也是关于城市建设与建

「木府」

筑技术的珍贵历史遗产。

1979年迁至丽江古城北黑龙潭公园内的五凤楼又称“法云阁”，原为芝山福国寺大殿。它造型奇特、结构精巧、雕饰精致，是纳西、白、藏、汉等族工匠共同建成的。它建于明万历二十九年(公元1601年)，楼高20米，为三叠八角飞檐木结构楼阁；共有20个啄天飞檐，每个方向的檐角都像5只展翅欲飞的凤凰，故名“五凤楼”。

「丽江壁画」

分布于丽江古城及城郊15个寺院中的丽江壁画，现仅有古城北5千米处的白沙村的琉璃殿、大宝积宫、大定阁以及束河的大觉宫4处，共55幅、139.22平方米。丽江壁画系明洪武年间(公元1368—1398年)至清康熙年间(公元1662—1722年)的300多年中由纳西、藏、汉、白等族画家共同绘制，融各族画风于一体，揉合了佛教、道教、藏传佛教和纳西东巴教等多种教义；一幅画中往往有多种教派的神像，大胆突破宗教规矩，体现了民族、宗教团结，在国内壁画艺术中实属罕见。

文献名邦：大理

大理历史上是南诏与大理的国都，现为国家级历史文化名城和重点风景名胜区以及自然保护区，同时也是大理白族自治州州府所在地。它位于北纬25° 25′ ～25° 28′ 、东经99° 58′ ～100° 27′ 之间，总面积1468平方千米。

南诏国（公元649—902年）是以彝族、白族贵族为主而建立的地方政权，在我国历史上曾与唐王朝相始终，存在约二百余年。

大理国（公元937—1253年）是以白族贵族段氏为主建立的地方封建政权，约与我国历史上的宋王朝相始终，存在316年。唐昭宗天复三年（公元902年），南诏权臣郑卖嗣篡夺蒙氏王位，建立了“大长和国”。

郑卖嗣建国后，三传至郑隆亶，又为权臣东川节度使杨干贞所杀，大长和国灭亡。杨干贞拥清平官赵善政为骠信，国号“大天兴”；才十个月，杨干贞就废赵善政而自立为王，国号“大义宁”。这三个短暂的王朝，均以羊苴城为都。公元937年，通海节度使段思平趁大义宁政权危难之机，联络滇东“三十七部”武装力量，首先攻破下关，接着攻占大理，灭大义宁国，建立了“大理国”政权，仍定都于羊苴城。

在悠久的历史发展过程中，在多民族文化的互相渗透下，大理渐渐形成了属于大理白族特有的民居形式，具有着浓厚的民族特色。大理白族民居多根据当地风大、多震且盛产石材的自然条件，就地取材（花岗石、青石、麻石），因地制宜地创造着绚丽精致、绰约多姿的地方建筑风格。从丰富的建筑遗产中，我们可以看到大理白族善于利用自然，对自然的遵从和认同，以及对生活的热爱与追求。白族民居平面组合较为规整，即使在不规则地形上，也力求内院规整。其大型民居的平面形式主要有：三合院称“三坊一照壁”，四合院称“四合五天井”；纵、横向拼联的三合院或四合院称“重院”。其中，“三坊一照壁”是白族主要的民居形式。“三坊一照壁”的典型布局是由“三坊”房屋(分别为正房、厢房)及照壁围成院落，庭院中种植花木。照壁是这一民居的特色之一，多为三叠水形式，装饰精美华丽，书写着“福禄寿喜”“毓秀钟灵”“紫气东来”等吉语，以寄托对幸福生活的追求。白族民居的外观有明显的特色，因房屋功能不同而使进深、高度不同，形成主次分明、高低错落的韵律。鞍形山墙和人字山墙互相映衬，檐下装饰和山墙“腰带厦”的水平划分以及轻快优美的凹曲状屋面与屋脊上高高翘起的鼻子互相配合等，愈显得复杂多变，辉映在青山绿水之中，别有一番情趣。喜爱装饰也是白族民居最显著的特点之一。其装饰部位主要有大门门头、照壁、墙面、门窗、梁柱、天花、地坪等处，装饰种类有木雕、泥

「白族民居」

塑、石刻、彩画、大理石屏、镶砖等。对于白族将来说，民居建筑是他们的艺术品，他们愿意花费大量的时间精心装饰。他们多采用历史人物、山水胜景、花草鱼虫等，具有着浓郁的中国民族特色或吉祥寓意，表达着白族对美好生活的希冀和憧憬。

位于大理古城西北崇圣寺内的大理三塔又名崇圣寺三塔。寺院早已毁于兵燹，独三塔鼎足于苍山之麓、洱海之滨，气势雄伟。大塔方形、中空，名千寻塔，形状与西安小雁塔相似，共16层，每层正中央开券龛，置白色大理石佛像一尊。南、北两小塔均为八角形，实心，各10层。两塔塔身均涂有白色泥皮，各层分别雕券龛、佛像、莲花、瑞云、花瓶等，华贵庄重，塔顶各有三只铜葫芦。1979年维修三塔时发现珍贵文物680余件，现为全国重点文物保护单位。

位于大理古城西南500米处的大理一塔又名弘圣寺塔，因寺得名，但寺今已不存。塔高43.87米，为16级方形密檐式空心砖塔。基座三台，均为正方形；塔门为圭角式门。塔身东、南、北三面各辟假券门一道，塔各级结构与千寻塔基本相同。塔刹座为一铜铸覆体，上为仰莲，再上为七圈相轮，相轮以上为八角形伞状宝盖，再上为葫芦形宝珠。

「大理三塔」

大理是以白族为主、各族聚居的城市，民族风情十分浓郁，仅白族传统节日活动即有三月街、绕三灵、火把节、耍海会、朝花节、蝴蝶会、石宝山歌会、祭鸟等等。一年一度的三月街是白族人民古老的节日和传统的贸易集市，每年农历三月举行。三月街原为宗教活动，又名“月街”、“观音节”、“祭观音节”。相传3月15日那天，观音菩萨曾在此讲经传教，并使大理五谷丰登。白族人民为感谢观音菩萨的恩赐，每年3月15日

「大理一塔」

云集于大理古城西、中和峰麓，进行礼拜、诵经等佛教集会，并逐渐演变成一年一度的街期。除三月街盛会以外，白族人民还有著名的朝花节。每年农历二月十四日，家家户户都把他们种植的茶花搬到门前，搭成一座座花山，摆成一圈圈花环，构成一方方花的图案，扎成一个个花的拱门，结成一条条戏珠的龙，做成一双双展翅的凤。各族人民穿着各自的民族盛装，结伴携友，双双对对，绕着茶花，歌之、舞之、乐之。农历六月二十五日是大理一年一度的火把节。这一天，大理人民在村口、路口、广场上竖起大火把，各家各户门前竖起小火把。火把头上插着写有“六畜兴旺”、“五谷丰登”等吉祥语言的彩旗和“升斗”，火把身上挂满子梨和五颜六色、各种形状的小粑粑。当夜幕降临的时候，人们点燃火把，一时火光冲天，鞭炮轰响，山寨田野、街头巷尾都成了火的世界。人们聚在火把底下欢呼跳跃，争抢着从火把身上掉下来的水果、食物，谁先抢到、谁抢得多，就意味着来年吉祥如意；大理人民把火把节作为“照岁祈年”的盛大节日。

「火把节」

南诏故地：巍山

「巍山」

巍山彝族回族自治县处于云岭山脉四大分支之一的乌蒙山起点处，位于洱海盆地之南；四周群山环绕，中间呈一椭圆形盆地，形似一只精巧的古瓷花瓶，总面积2266平方千米；年平均气温在15℃，属于高原山地季风气候，是一个四季如春、阳光明媚的盆坝。总人口中主要有彝、回、汉、白、苗、傈僳等民族。

巍山是云南省建制最早的郡县之一。西汉元封二年(公元前109年)，汉武帝在云南设益州郡、在洱海地区设置四县时，巍山作为其中一县列入我国版图。当时，巍山称作“邪龙县”，“邪龙”一名来源于巍山土著民族的龙崇拜。唐初，在美丽、富饶的洱海地区散居着一些大大小小的部落，历史上称为“三十七蛮部”。这些部落经常互相骚扰，发生战争，相互兼并；后来，又形成六个较大的部落，即人们常说的“六诏”。今巍山坝子包括当时的蒙巂和蒙舍两诏；蒙舍诏在诸诏之南，故又称“南诏”。六诏之中，南诏是部落经济最为繁荣的一诏；当时，其冶铁技术已有相当发展，不仅生产铁剑，而且生产铁铸的生产工具。再加上巍山坝子“肥沃宜杭稻，邑落人众，蔬果水菱之味尤殷”(《蒙化志稿·卷一》)的优越条件，生产发展较快，到细奴逻的曾孙皮逻阁继位，其政治、经济、军事力量均远远大过其他五诏。诏主皮逻阁又是一个具有雄才大略的人，他积极靠拢唐王朝，在唐王朝的支持下，经过18年的南征北讨，终于在公元738年兼并了其他五诏，统一了洱海地区，并迁都大理，建立了我国西南民族史上第一个地方政权。这个地方政权，就是显赫一时的南诏。南诏政权几与唐代相始终，历时253年，王室世袭十三代，其中有四代，计89年的时间是在巍山土地上经营的。因此，巍山赢得了南诏古国发祥地的称誉，在我国历史上谱写了光辉的一页；现巍山境内还存留着南诏早朝经营过的梅子箐、蒙舍城、巄岍图城等几座南诏古城遗址。

巍山城建于明洪武二十二年(公元1389年)，至今已有600多年的历史。追源溯流，这里早在唐初就筑有屋舍，建有蒙氏宗祠。唐宋时期，这里一直是巍山土著民族从事宗教活动的场所。元代，段氏土总管开始在此筑土城据守。明初，傅友德、沐英率大军平蒙化(今巍山)，段氏不臣服，被明军驱逐；蒙氏彝族火头左禾归附，被封为蒙氏世袭土知府，继而在此建土衙经营。明洪武年间，大批明军在巍山设卫屯田，正式建城。据《蒙化志稿·城池志》记载，当时城的规模“周回四里三分，计九百三十七丈，高二丈二尺二寸，厚二丈。砖垛石墙，垛头一千二百七十有七，垛眼四百三十、建四门，上树谯楼，东曰忠武，南曰迎熏，西曰威远，北曰拱辰。北楼高三层，可望全川，下环月城，备极坚固，城方如印，中建文笔楼为印柄”。可见，当时的城池建得十分规整、坚固。不久，又在城内增修、扩建了文庙、明伦堂、文昌宫、尊经阁、魁星宫、等觉寺、冷泉庵等寺庙宫刹。明朝晚期，旅行家徐霞客游历巍山，在其游记中写道：“蒙化城甚整，乃古城也。而高与洱海相似，城中居庐亦甚盛。”至1938年，城池范围扩大，拆除了北城墙，向北修建大街，使原来位于城北端的拱辰楼所在地变成了今城的中心地带，并以拱辰楼为中心建成四方街，而原来位居城中心的文笔楼所在地也随之成了今城的南端，城西南隅的大公园也于此时在文庙的基础上开始建设。解放后，又拆除了东、西、南三面城墙和三座城楼(拱辰楼尚存)，延长了东、西、南三条大街，扩大了县城的规模。现在，横贯东西的街道两旁新楼耸立，纵贯南北的街道还保留着明清时期的建筑，清秀典雅、古色古香，具有浓郁的古城风貌。

其中，拱辰楼又称北门鼓楼，建于明洪武二十三年(公元1390年)，为当时巍山城的北城门楼，被誉为“滇西古楼之冠”。现楼高23.4米、长47.1米、宽24.6米，由粗可合抱的28根圆柱支撑，耸立在二丈多高的砖石

「星拱楼」

城墙垛上，气势磅礴，雄伟壮观。楼的南、北两檐下高悬“魁雄六诏”和“万里瞻天”两块字匾，为清乾隆年间蒙化同知黄大鹤所写，字体苍劲，端庄威严，显示了巍山在西南民族史上的重要位置。

文笔楼亦名星拱楼，通称钟鼓楼，初建于明洪武二十三年(公元1390年)，重建于清咸丰年间。楼分两层，坐落在一砖墙高台上，气势宏伟，直入蓝天；屋檐下悬有响铃，风吹铃响，声清悦耳。登上此楼，可览城郊四方景致，甚是壮观：东有文华山，旭日东升，光照峰峦；南是巍宝山，蜿蜒连绵，烟霞拥翠；西有阳瓜江，江水回环，酷似玉带；北可远眺苍山。

文庙初建于明洪武年间，为蒙化土知府所建。庙内祀孔、颜、曾等先贤大儒，每年有老师率众生在庙内行释奠礼。现一半作公园，一半作县一中，总体布局变化较大，但大成殿、大成门、西房、尊经阁、崇圣殿、雁塔坊、明伦堂等单体建筑仍保存完好。

等觉寺初建于南诏，为南诏时主要佛教寺院。自明以来多有扩建，内有双塔、太阳宫、毗卢阁、轮藏殿、观音殿、燃灯殿；外有冷泉庵等。明新都状元杨升庵(杨慎)、旅行家徐霞客游巍山时，均居于此。现存殿及两侧配房基本完好。

「等觉寺」

巍山是滇西宗教圣地之一，巫教、道教、佛教、伊斯兰教、天主教、基督教均在此兴盛一时。其中，尤以道教、巫教、佛教历史悠久，境内的巍宝山即为滇西著名的道教名山。巍宝山古称“巍山”，在巍山县城东南10余千米处，海拔2509米，面积约19.4平方千米。其山势雄伟、峰峦起伏，绵延数十里；山势由东北向西南倾斜，本是丽江、剑川之西的老君山向西南逶迤的支脉。由于山中气候温和、清新隽秀，常年苍松翠柏、鸟语花香，四季秀水青山、云蒸霞蔚，故成为滇西一方胜地；又因山中树木葱茏、地涌青霞、花放异彩，古人以为山有宝气而名“巍宝山”。相传巍宝山是1000多年前南诏始祖细奴逻的耕牧地。唐初，细奴逻随其父自哀牢(今保山一带)来到巍山，居住、耕牧在巍宝山麓；至唐贞观二十三年(公元649年)称奇嘉王，建号大蒙国，建都巄岏山后才迁离巍宝山。其间，他在巍宝山居住、耕牧20余年，留下了大量的南诏踪迹，也造就了巍宝这一古老的南诏名山。明末清初，道教徒相继在巍宝山上建盖了准提阁、报恩殿、文昌宫、灵官殿、玉皇阁、青霞观、三官殿、三皇殿、斗姥阁、元极宫、培鹤楼、云鹤宫、道源宫、朝阳洞、财神殿、含真楼、长春洞、祖师阁等道观，从而道众群集，又使巍宝山成为西南地区的道教名山之一。

「文昌宫」

其中，文昌宫亦名“龙潭殿”，相传唐之前即有，原为本地土著彝民祭龙潭之用。明代改为文昌宫，大殿塑文昌帝君。宫中有龙池，池心建“文龙亭”；亭在临水墩壁绘有彝族《松下踏歌图》，为云南最早发现的彝族壁画，其复制画曾在北京、巴黎等地展出。

长春洞位于巍宝山西麓，为清康熙年间巍宝山道教全真天仙派所建；其布局呈规整的八卦形，建筑、雕刻艺术精湛，道教气息浓。大殿为楼阁式建筑，二层为围栏走道，天花板上绘有二十八宿像，八扇窗绘有二十四孝子图，八扇格子门有“八仙过海”雕像，天花承宝格板中央拼成八卦图。

「青霞殿」

青霞观亦名清微观、老君殿，建于清康熙二十二年(公元1683年)，为武当全真道人沈妙章等人募建，相传为太上老君点化南诏王细奴逻之处。从大门到大殿，崇阶高台，层层迭升，气势宏伟。

斗姥阁亦名“斗阁”，初建于清初。其三殿一院均耸立于高阶台上，大殿内塑星宿斗姥六尊。阁居巍宝山之巅，有“深山藏古寺”之誉。

玉皇阁建于清康熙年间，原位于三皇殿下，清乾隆十三年(公元1748年)移至灵官殿后(即今位置)。三层三院，逐级升高。正殿塑玉皇，天花板上、玉皇头顶有道教的《水火匡廓图》。

千年盐都：黑井

「黑井」

因盐而兴的黑井镇位于云南省楚雄州龙川江畔，成昆铁路、龙川江纵穿全境，形成千峰耸峙、一水中流的地形。从出土的石、陶、铜器、兽骨等文物考证，作为中国历史文化名镇的黑井，早在3200年前的新石器时代晚期即有少数民族祖先在此生息劳作。至今，黑井仍保留着较为完整的传统古镇格局以及民居、寺庙、牌坊等建筑，是楚雄州乃至云南省有名的文物大镇。

占地不大的黑井镇匍匐在一条峡谷里，两道呈槽状的山脉把黑井镇拥在怀中。当地文人把这两道山脉称为“金泉”和“玉壁”；不过，当地普通百姓多简称为“东山”和“西山”。两山之间流淌着金沙江的支流——龙川江，名头虽大，体量却小巧。黑井镇即坐落在江两边的夹槽里，一半置于西山膝前，另一半窝在东山脚下；一座筑于清代的石桥把东、西两块连接起来。一条勉强可以走汽车的土路从外面通往黑井，石桥边一小片坑坑洼洼的空地就是汽车的终点站。再往前，就只有人马道了；这些人马道有些是新开的，

「盐井」

有些是古代用来驼盐的栈道。看着古道上马蹄与人脚交织磨砺出的痕迹，感受着无所不在的时间的力量。

黑井盐业的开采、运销始于汉，兴于唐、宋，盛于明、清；明代起，就是吸引商贾马帮的古镇。当时，黑井盐的纳税额占云南省税收的一半以上，是名副其实的“富可敌省，课甲两迤”。历史上的黑井镇因为制盐而成了西南地区遐迩闻名的地方，且因为制盐而有了“煮井垒银高玉碧，敲诗赌酒小梁园”的风雅。民国以后，随着省内、外盐业的发展，黑井盐的地位受到挑战，日渐衰落，成了“失落的盐都”。但是，它的历史价值随着时间的推移而日益显现出来。遗存的古建筑遍布全镇，民族、民间艺术丰富多彩，是驰名省内、外的“千年盐都古镇”、“明清活化石”。

「黑牛」

黑井镇的建镇缘起，据《黑盐井志》载：“土人李阿召牧牛山间，一牛倍肥泽，后失牛，因迹之，至井处，牛舔地出盐。”为纪念这头黑牛的功绩，遂称此地为“黑牛盐井”，后称“黑井”。如今的黑井镇依然保留着大量制盐作坊，以及巨大的水车、层层叠叠的晒卤台、一排排煎盐的工棚。水车把盐井中的卤水运出，送到高高的晒卤架，流入晒卤台过滤、蒸发，然后送往灶房煎制，用炭火炒烤，放入模子成型，就制成了黑井锅盐。

盐业成就了这个大山深处的小镇，成千上万驮盐的马帮、来来往往的盐商，出出进进这里，使多种文化在这里融会、渗透。古街、古屋，古庙、古殿，无不见证了曾经的繁华，也使黑井在今天拥有了“国家历史文

「黑盐」

化名镇”的声誉。在斗米斤盐的千百年间，黑井盐曾给黑井人带去过勿容置疑的辉煌和荣耀。现在，一说到黑井盐，黑井人津津乐道，眉飞色舞。他们说，“黑盐”和其他的盐完全不同，它是香的、甜的；把一块盐放到火上一烤，等盐烧红了，就放到蘸水里，和着辣椒、一起作“蘸水”，美味极了。

黑井制盐业的昌盛也使这里的居民普遍富裕起来。据说，在黑井，就连最底层的人手上都戴满了金箍子；由此可以想见当年黑井盐业之繁华。灶户之间相互攀比富裕；除了穿金戴银，人们还通过修建豪宅来体现自己的富裕，促使黑井镇的建筑集各地风格之大成。最早的黑井镇仅仅只是现在的一小部分；随着河流南移，在黑井镇东面的空地上，人们修建了现在的主要街道“新街”。新街当年布满了酒馆、烟（鸦片）馆、饭馆、茶馆和百货店，商贾云集，人喊马叫。

「武家大院」

黑井镇内不仅尚存有大量盐井遗址，还有很多当年盐商巨富的豪宅。武家大院就是镇上大盐商武氏家族的宅第。为建这座宅院，武家请来了京城有名的建筑师，设计了“横三纵一”的“王”字格局，溶进了“黑井第一灶”的霸气。其始建于清道光十六年（公元1836年），坐西向东，依山就势而建。大院属典型的明清建筑风格，亭台楼阁依山而建为三台；每台各成一个小型庭院，楼内藏楼，厅中有厅，房里带房。整个建筑由四个天井组成，共有99间房、108扇门，四通八达，规模宏大。大院的装饰颇具特色，大门为龙头、凤、象单一斗拱组成的三重檐，四柱三门门楼，砖柱上绘有水墨山水和花鸟，木柱由石狮驮撑。站在武家大院南厢房三楼，可鸟瞰黑井镇全貌。大院的门楼上还有着块御赐的匾额，题“画荻芳徽”四个大字。整个大院依山而建，飞檐翘角，画栋雕梁；一对石狮蹲踞门口，煞是气派。

除武家大院堪称古民居精品外，黑井镇内还有一座“贞孝总坊”也令人叹为观止。这座牌坊建于清光绪二十七年（公元1901年）；据说是慈禧太后下旨建的，不是为某一女子所立，而是为几十个女子所共立。贞节牌坊一般旌表三种节烈女子：一是节妇，丈夫死后哪怕再年轻也终身不嫁，而且不和别的男人发生性关系；二种是烈妇，丈夫死后给丈夫陪葬，或者守节期间宁死不失节；三是烈女，未婚夫死后去陪葬或者宁死为他守节的女子。黑井镇贞孝牌坊既然表彰的是几十个女性，应该是三种情况都有。贞孝总坊是一座牌楼式全红砂石质牌坊，四柱三间结构；额枋上镶嵌的大理石板正中镌刻着“贞孝总坊”，右边刻“霜筠”二字，左边刻“雪操”二字。牌坊周身均布满浮雕，正中为“四龙戏珠”图案。三道门楣上用三层龙头、象鼻组成斗拱，构成12座石网，高高托起牌坊顶部；其共有龙头68个、象鼻54条。斗拱之间雕刻着“唐僧取经”、“牛郎织女”“八仙过海”“二十四孝”“和合二仙”等故事和各式花鸟虫鱼。整个牌坊装饰得玲珑剔透，光彩照人。如今，这尊牌坊呆站在这里，显得孤独可怜：毕竟没有了当年的繁华，更没有了当年的文化氛围；就连所谓“贞节”和“忠孝”，都已夕阳沉落，没留得半点余晖。

「贞孝总坊」

壮丽的大城：昆明

「昆明」

昆明是云南省会，是全省政治、经济、文化、科研中心和全国首批历史文化名城。它位于云南东部，属高海拔、低纬度的亚热带气候，终年夏无酷暑、冬无严寒，一年四季鲜花盛开，是一座“天气常如二三月，花枝不断四时春”的著名春城。

昆明历史悠久。早在3万年前的旧石器时代，昆明城南的滇池东岸就有远古人类生息繁衍，留下了大量的古人类和哺乳动物化石，并出土了从新石器时代以来的大量文物。有史记载以来，昆明已有两千多年的历史。早在公元前229年，楚顷襄王遣大将庄跻率部入滇，在昆明地区修筑城池名“苴兰城”。庄跻不但带来了先进的文化与技术，而且与当地民族和睦相处，建立“滇王国”，开始了汉族与当地民族共同开发云南的历史。秦始皇统一中国后，修“五尺”道至此。公元前109年，汉武帝开拓疆域至云南，滇王常羌臣服汉朝，封为“滇王”；今昆明晋宁一带设益州郡，辖24县，沟通了昆明与中原地区的经济、文化联系。公元225年，三国蜀汉丞相诸葛亮南征，克益州郡，改名为“建宁郡”。西晋时改建宁郡为晋宁郡，隋文帝时改晋宁郡为昆州。唐初在滇池西岸置昆州，辖四县，首邑益宁郡即后来的昆明。公元764年，唐南诏国为了向东开拓疆土，选择“山河可以作藩屏，川陆可以养人民”的滇池地区建拓东城(位于现今的城市中心区)，后称“鄯阐府”。宋代地方政权大理国时期亦称鄯阐城为“东京”。公元1253年元世祖忽必烈南下灭大理国，公元1254年攻占鄯阐，置昆明千户；公元1276年建云南行中书省，改鄯阐府为中庆路治，治所在昆明，彼时的昆明“大而名贵，工商其众，人有数种……系一壮丽的大城”(马可・波罗)。从此，昆明逐步成为云南省的政治、经济和文化中心，经明、清、民国至今。

昆明正式建城始于唐南诏国，史称“拓东城”，后经数代经营、改造与增扩，形成昆明古城的基本格局；现在仍清晰可辨的是明清府城靠山面水、城池相依、山水交融的城市格局。昆明地处云南高原中部，境内分布着川西鲁南山脉越过金沙江南下的拱山系和与滇东北乌蒙山脉连接的梁王山系。这两条山系的余脉进入市区，三面环抱城市，形成金马山“东骧神骏”、碧鸡山“西翥灵仪”、蛇山“北走蜿蜒”的态势；市区南部则濒临云贵高原第三大湖泊、素有“高原明珠”之称的滇池，号为“南翔缟素”。独特的山川形势使昆明城内尽有“三山一湖一河”景色，即：圆通山、五华山、祖遍山，翠湖，盘龙江。其中，圆通山是昆明城内景色秀丽的一颗绿珠，登临此山的聂耳亭可遥望西山睡美人群峰，欣赏城内圆通、五华、祖遍三山鼎峙，俯视城中翠湖秀姿；盘龙江原是绕城东而过的一条河，它由松花坝直流而下、进入滇池，既可灌溉、又可泄洪，原来河两岸长满素馨花，被誉为“萦城银棱”，是昆明城内又一美景。随着城市发展，盘龙江现已成为穿过市中心的河流，它像一条玉带，把城外、城内的湖山连为一体。因此，有人把昆明城区的山川形势概括为：“螺峰五华拥翠，盘龙玉带穿城，背靠金碧长虹，面向一湖春水”。

「滇池」

昆明的旧城区是以翠湖、圆通山为背景，以五华山、正义路、东西寺塔为中轴线的棋盘式格局。从旧城区的制高点——五华山沿中轴线望去，视域很开阔。轴线南端有东、西寺塔对峙，再

「一颗印民居」

向南是烟波浩渺的滇池和睡美人山；轴线北有大德寺双塔。从北到南，历史上有五座牌坊，即长春坊、云瑞坊、金马坊、碧鸡坊、忠爱坊（五坊均毁，已恢复金马、碧鸡二坊）。轴线东侧是传统商业区，古代建有长春观（今已不存）；西侧是传统文化区，建有文庙；民居则分布在各区片内。昆明旧城区至今似穿插排列着许多“三间四耳一照壁”“三间四耳倒八尺”“三间六耳三间厅”等一颗印式穿逗结构建筑。一颗印的主房屋顶稍高，为双坡硬山式；厢房为不对称的硬山式;外墙封闭，仅在二楼开个别小窗;前围墙较高，常达厢房上层檐口；围墙正中立大门一樘，无侧门或后门，构成一颗印的独特外观。

昆明在近代革命史上占有非常重要的地位。1900年，昆明人民掀起反帝爱国运动；1911年，昆明举行武装起义(时为农历辛亥年九月初九，亦称“重九”起义)，结束了清王朝在云南的封建统治；1915年，蔡锷在昆明首举讨袁护国义旗，反对袁世凯复辟帝制；1919年在“五四运动”影响下，昆明开展反帝斗争；1924—1927年，在中共云南地方党组织领导下，昆明进行反帝、反封建斗争；1937年“七七”事变之后，工厂、学校内迁来昆，昆明成为抗战大后方，著名的西南联大即设在昆明；1945年，昆明爆发“一二·一”爱国民主运动，李公朴、闻一多在昆明遇难。1949年12月9日，经中共滇桂黔边区委员会和云南省工委的多方努力，当时的云南省主席卢汉接受中共的建议，在昆明率部起义；云南宣告和平解放，中国人民解放军于1950年2月20日入昆。这一幕幕近代革命历史给昆明留下了众多的著名近代史迹。

位于昆明翠湖西路承华圃的云南陆军讲武堂是我国最早的军事院校，始建于1909年8月15日，至1928年共办19期。现存的讲武堂主楼为走马转角楼式的二层砖木建筑，东、南、西、北四楼各长120米、宽10米、高12米；南楼中部的阅操楼约高15米、宽13米，规模宏大。该旧址现为国家文

「云南陆军讲武堂」

物保护单位。清王朝创办讲武堂的目的在于扑灭孙中山领导的民族民主革命，但教官与学生中有不少是同盟会会员，使该校成为当时云南革命力量的重要据点；它所培养的干部在推翻清王朝统治的辛亥革命和粉碎袁世凯复辟帝制的护国首义中起过骨干作用，朱德同志评价它是“革命的熔炉”。

位于昆明环城北路、昆明师大院内的“一二·一”四烈士墓，是民主革命时期著名的“一二·一”运动死难烈士墓和惨遭国民党特务杀害的闻一多、李公朴二先生的衣冠墓。1945年12月1日，国民党为镇压昆明反内战运动，派军警、特务至西南联大等校殴打学生并投掷手榴弹，杀害于再、潘琰（女）、李鲁连、张华昌等四人，酿成震惊中外的“一二·一惨案”。1946年3月17日，昆明各界安葬四烈士于此。墓道前矗立着两根石雕火炬柱，柱下嵌有闻一多撰写的《“一二·一”运动始末记》石碑。墓地正中排列着四烈士灰白色洗石子长方形墓，墓前有闻一多衣冠墓。1980年3月26日，李公朴衣冠墓亦由昆明西山迁葬于墓地后。整个墓地庄严肃穆。

昆明古迹众多。从旧石器时代到近代，昆明留下一大批具有重要历史价值、科学价值和纪念意义的古建文物，共有市级以上的古建文物59项（含国家级4项、省级25项）。其中，大理国经幢又名“地藏寺石幢”或“梵文经幢”，俗称“古幢”，是我国现存的古代建筑、石刻艺术中的稀世之宝；其是南宋大理国时期的遗物，距今已有700多年的历史。经幢以其所包容的丰富内容、精

「大理国经幢」

美雕刻而著称，1982年列为国家文物保护单位。经幢为八棱七层的塔形砂石石柱，由五段砂石块拼合而成，总高约8.3米。幢上雕刻天龙八部、密教佛及菩萨共约292尊，大的约1米、小的不足3厘米；造像刀法遒劲，诸神神态各异，栩栩如生，呼之欲出。经幢幢基上刻梵文《佛说般若波罗蜜多心经》《大日尊发愿》《发四弘誓愿》及《造幢记》。经幢第一层刻四大天王像，每尊约1米高，天王像左、右空处刻梵文；第二层四面设佛龛，龛内为如来，龛外各立一金刚，旁有弟子、诸菩萨等总计40尊；第三层仍设佛龛，龛中之尊为四大菩萨，龛外有四胁侍；第四、五、六、七层各雕有群菩萨、大灵鹫、庑殿、尊胜佛母像等；幢顶为仰莲承托宝珠。

昆明市区东北郊7千米处的鸣凤山上有太和宫金殿，又名“铜瓦寺”，主殿系青铜铸造，熠熠生辉，耀眼夺目，故名之“金殿”。金殿初建于明万历三十年(公元1602年)，由云南人陈用宾仿照湖北武当山天柱峰的太和宫及金殿样式建造，周围建砖墙保护，有城楼、宫门等建筑，称“太和宫”。崇祯十年(公元1637年)，由巡抚张凤山将铜殿拆运至宾川鸡足山；现存金殿为清康熙十年(公元1671年)平西王吴三桂仿建。金殿为方形，边长6.15米，高6.7米，所有梁柱、斗拱、门窗、瓦顶、供桌、神像、帷幔、匾额、楹联乃至台基左右侍亭以及旗杆、七星旗等，全部用铜铸成或锻成。总重约200吨。整个建筑雕刻细腻，比例匀称，造型美观，且极其精细逼真地模仿了重檐歇山式木构古典建筑。金殿经历了数百年的风风雨雨，已呈斑驳古朴之态，但却是我国现存最大、最完整的纯铜铸殿；它反映了我国明清云南的铜矿开采、冶炼和铸造技术已具有相当高的水平，也凝聚着昆明各族人民的高超智慧和精湛技艺。

「太和宫金殿」

万里长江第一城：宜宾

「宜宾」

宜宾位于四川南部，与云贵高原接壤，是川南地区政治、经济、军事、文化中心，总面积1123平方千米。宜宾城三面环山、三面临江，地势险要；金沙江、岷江分别在其南、北环绕而过，且在城东汇入长江，故有“万里长江第一城”之称。

> 据《史记》记载，宜宾为古僰侯国，在秦、汉前是僰人聚居之地。

殷末，周武王伐纣，僰人曾参加河南孟津大会，誓师牧野；因助周灭殷有功，被封为“僰侯国”。汉高祖称少数民族僰人聚居地为“道”，故称“僰道县”。汉高后六年（公元前182年），修僰道县城于胡江口（今宜宾城址）。

僰人悬棺具有重要的历史价值和研究意义，悬棺内出土的器物亦很丰富。1974年和1984年两次清理、发掘40余具悬棺，出土50多件丝麻织品、铁器、骨器、竹器、瓷器等。经对棺内骸骨鉴定，成年者颌骨均有打掉左、右两侧间齿的痕迹，这与古代獠人打牙习俗相同。僰人悬棺群位于珙县西南洛表乡麻塘坝和兴文县建武乡、苏麻湾两地。建武乡、苏麻湾崖上共存悬棺230多具，是迄今我国悬棺最多的集中地。珙县悬棺区风景秀丽，峰峦连绵、山色翠秀，其上有古堡高踞、其下为河流环绕；悬棺层层叠叠，高悬绝壁，与之交相辉

「僰人悬棺」

映，宛如一幅图画，是闻名遐迩的名胜古迹和全国文物保护单位。悬棺置放高度一般为25～60米，最高者达100米以上。置放方式有三：一是在陡峭的岩壁上凿孔安桩，将棺架放在上面；二是利用天然洞穴和岩缝安放棺木；三是凿岩为穴，置棺于内。悬棺四周绝壁尚有大量桩孔遗迹，密不可数。珙县麻塘坝悬棺周围岩画共100多幅；画面呈朱红色，形象古朴，有骑马、跳舞、钓鱼、执戈持矛和马、牛、虎、豹、狗、鸟以及一些充满神秘色彩的图案符号。

宜宾五粮液用高粱、糯米、大米、玉米、小麦五种粮食酿成，并用明代酒窖发酵，以其独特风格在国内外享有盛誉。宜宾三江环绕，土地肥沃、气候温润、物产丰富，自古就以酿酒著称，已有1200多年的酿酒历史。杜甫《宴戎州杨使君东楼》有“胜绝惊身老，情忘发兴奇”“重碧拈春酒，轻红擘荔枝”的佳句赞宜宾美酒。黄庭坚寓居宜宾，誉戎州美酒“得妙用于六物”“杯色争玉”“清而不薄，厚而不浊，甘而不哕，辛而不螫”，称宜宾为“醉乡”。明代宜宾人用多种粮食酿酒已成定方，并形成独特的酿造工艺，称“杂粮酒”，后又名为“宜宾元曲”。1915年参加巴拿马万国博览会获金质奖，1929年改名“五粮液”。新中国成立后，五粮液生产技术不断发展、提高。五粮液酒厂勾兑师、全国特级劳模范玉平首创专家勾兑系统，又得著名数学家华罗庚的指导，运用优选法成功研究五粮液计算机勾兑系统，使名酒质量建立在科学化的基础上。自1956年参加全国评酒会以来，届届名列前茅，获得金牌。其品种有五粮液高、低度酒及其系列产品如尖庄、五粮醇、翠屏春、一滴香等。

评酒家云：“五粮液吸取五谷之菁华，蕴积而成精英，其浓香、醇厚、味甜、干净之特质，可谓巧夺天工、调和诸味于一体。”

宜宾是一个富有革命传统的城市，革命烈士刘愿庵、郑佑之、孙炳文、赵一曼、李硕勋，五卅运动的工人领袖刘华，秋收起义的总指挥卢德铭均出生于宜宾。辛亥革命时，同盟会四川支部两度在宜宾举行武装起义，鼓舞和推动了全川各地的反清斗争。1911年秋四川保路运动时，宜宾保路同志会开展了声势浩大的斗争活动，武装围攻宜宾城，在四川率先成立了川南军政府。1916年护国战争爆发，护国军由滇入蜀，在宜宾进行了有名的“叙州之役”，与北洋军阀浴血奋战40余天，夺得宜宾城，促使袁世凯帝制倒台。1928年春，中国共产党在宜宾组织和发动“南溪农民暴动”，打响川南地区武装斗争的第一枪。1935年，中央红军长征途经宜宾地区，成立川南红军游击纵队与敌人进行长期艰苦卓绝的斗争。

宜宾是一个以绿色竹子环绕起来的城市，蜀南竹海则是宜宾“竹之美景”的代表。整个蜀南竹海景区东西长约13千米，南北宽约6千米，素以雄、险、幽、峻、秀著称，其中，天皇寺、天宝寨、仙寓洞、青龙湖、七彩飞瀑、万江景区、古战场、观云亭、翡翠长廊、茶花山、花溪十三桥等景观被称为“竹海十佳”。蜀南竹海原名“万岭箐”。相传，北宋著名诗人黄庭坚到此游玩，见此翠竹海洋，连连赞叹：“壮哉，竹波万里，峨眉姐妹耳！”并持扫帚为笔，在黄伞石上书“万岭箐”三字，因而得名。整个竹海成“之”字形，东西宽、南北狭。林中溪流纵横，飞瀑高悬，湖泊如镜，泉水清澈甘洌，空气清新，郁香沁人，曲径通幽。竹景与富集配套的山水、湖泊、瀑布、崖洞、寺庙、气象、地质、民居交融，自然生态与历史人文并重，清风摇曳、竹影婆娑，四季宜游，是人们回归大自然的游览胜地。一望无际的竹子连川连岭，7万余亩翠竹覆盖了27条峻岭、500多座峰峦，生长着15属、58种竹子可谓是竹的海洋。

「真武山道观」

宜宾西北的真武山又称“仙侣山”“师来山”，与翠屏山相连，主峰海拔369米。明万历年间(公元1573—1620年)，四川巡抚曾省吾镇压宜宾南部少数民族“都掌人”起义，托辞得真武帝相助，在山上修建真武祠，以后逐渐增添宫殿、庙宇，成为川南道教名山。现存明、清庙宇8座，分布在山顶上的3座相峙的小山峰上，占地50亩。其中，玄祖殿为主体建筑，其前为披发祖师殿，后为无量殿。由披发祖师殿过三孔石桥有望江楼，均在一条中轴线上。玄祖殿右侧毗邻两峰，依次为斗母宫、三府宫和文昌宫；它们各自依山取势，间以宽整石级纤曲相通，宫观祠宇参差邻峙，形成分中有合、合中有分的建筑布局。清人周潜修《古师来山碑》云：真武山“直而不孤，秀而不露，如太华之少华，太室之少室”，其建筑“整齐严肃，琳宫梵宇，金碧辉煌，灿然而夺目也”。山上古木参天，藤萝密布(产仙茅贡品)，曲径深幽；飞檐翘角，青瓦红墙，掩映于林木深处。登临远眺，可俯视宜宾风采、三江秀色。因此，该庙群被誉为“川南道教建筑之首”。

宜宾市区西北隅、岷江南岸有翠屏山，主峰海拔502.9米，相对高度216米，因其巍峨挺秀、如屏峙立而得名。拾级登山，松柏夹道，绿柳幽重，橙林橘苑，一片葱郁；楼亭池阁，起伏错落，点缀其间。古翠屏书院位于山腰，现为赵一曼纪念馆。馆前有钟鼓亭，“翠屏晚钟”为“戎州八景”之一；北宋诗人黄庭坚于北宋元符年间(公元1098—1100年)谪居宜宾时有“山绕楼台钟鼓晚”诗句写景。距原书院不远处有千佛岩(一名“千佛台”)，刻浮雕小佛像546尊，造像端庄浑厚，传为唐、宋间所凿。登临峰顶，但见两江环抱城郭，群山叠翠，白帆点点，烟波浩渺，景色无限。

「翠屏山」

宜宾市区北郊、岷江北岸的流杯池公园内有流杯池，距今已有近900年的历史，为省级文物保护单位。走近流杯池，只见一巨石中分、形成天然峡谷，池位于谷底深处。谷顶古树参天，繁枝蔽日；池内碧水荡漾，清幽静谧。据清嘉庆《宜宾县志》记载，流杯池为黄庭坚所建，取王羲之《兰亭集序》中“曲水流觞”之意。池呈九曲形，长5.2米、宽0.55米，谷底山溪流经池后没入石缝。当年，黄庭坚常约友人于此流觞饮酒，赋诗酣唱；今石壁有黄庭坚手书石刻“南极老人无量寿佛”八字，每字1.4米见方。黄庭坚离开戎州后，流杯池成为人们凭吊游览胜地，为“戎州八景”之一，曰“曲水流觞”。后人为纪念黄庭坚，相继在流杯池周围修建了涪翁楼、涪翁亭、山谷祠、荔红亭、吊黄楼等园林建筑。山谷祠门外的大石砚相传为黄庭坚在戎州讲学时所刻，石砚直径约4米、深0.5米，周边刻有鱼、龙、荷花等图案；奇妙的是，雨后天晴，砚池积水，数十千米外的七星山黑塔可影映其中，如笔蘸墨，称为“笔点丹池”，为宜宾八景之一。

「流杯池」

大佛之乡：乐山

乐山位于四川省中南部，岷江、大渡河及青衣江在这里汇合，为世界第一大佛之乡。春秋时期为蜀王开明王国，北周时称“嘉州”，此后为州、府治所。乐山名胜古迹甚多，著名的乐山大佛是全世界稀有的佛刻景观，此外还有凌云寺、乌尤寺、汉代岩墓和崖墓、郭沫若旧居与三苏祠等文物古迹。

「乐山」

乐山大佛位于乐山市东、凌云山西壁，岷江、青衣江、大渡河三江合流处。大佛为依凌云山栖鸾峰断崖凿成的一尊弥勒坐像，故又称“凌云大佛”。据《嘉州凌云寺大佛像》记载：大佛为唐开元元年(公元713年)名僧海通为消减岷江水患，募集人力、物力而创建，后剑南川西节度使韦臬于唐贞元十九年(公元803年)完成，工程前后进行了90年时间。大佛上原覆十三层重楼，名“大像阁”，宋时易名为“天宁阁”，明末圮毁。1996年，峨眉山乐山大佛被列入《世界文化与自然遗产名录》。大佛头与山齐，脚踏大江，背山面水，巍然挺坐，通高71米，头高14.7米、宽10米，肩宽28米，眼长3.3米，耳长7米，鼻长5.6米，嘴长3.3米，颈长3米，指长8.3米，小腿高28米，头顶发髻1021个。耳朵中间可并立2人，头顶可置1圆桌，赤脚上可围坐百余人，是世界上最大的石刻佛像(比阿富汗巴米扬的石刻大佛高18米)；俗谓，“山是一尊佛，佛是一座山”。大佛安详端坐，两目前视，宁静致远，雍容大度，气魄非凡。其右侧有凌云崖九曲栈道，沿崖迂回而下，可达江上。

「乐山大佛」

1985年5月，在乐山大佛外围发现了另一座“巨型睡佛”。巨佛仰面朝天，头南足北，身长1400多米；隔江望去，巨佛体态匀称，眉目传神，慈祥凝重，安闲地睡在岷江之上。乐山大佛恰位于巨佛的心胸部位，印证了“心即是佛”“心中有佛”的禅宗教义。这是大自然和人类共同创造的绝妙组合，是乐山又一令人称绝的奇特景观。观赏巨型睡佛的最佳位置在市区迎春门码头沿岸。

「巨型睡佛」

凌云寺又名“大佛寺”，在乐山市东凌云山的栖鸾峰上，与大佛相邻；创建于唐代，后废。今寺为明、清所建，有天王殿、弥勒殿、大雄殿、藏经楼、东坡亭、竞秀亭等，建筑雄伟，地势开阔，有“天下山水之胜在蜀，蜀之山水在嘉，嘉之山水在凌云”之誉，是古今游览胜地。苏轼诗云：“生不愿封万户侯，亦不愿识韩荆州。但愿身为汉嘉守，载酒时作凌云游。”岩壁石刻有“苏东坡载酒时游处”题字，清晰可见；其上有解放后修复的苏东坡载酒亭。凌云寺右侧有灵宝塔，与嘉州城隔江相望。该塔建于宋，明、清两代均有修缮。塔体13层，塔高38米，为砖结构，呈方形，空心密檐，形状略似西安小雁塔；每层设置佛室，有石刻佛像。凌云山有九峰，以灵宝峰最奇，因以灵宝名塔闻名。

「凌云寺」

乌尤寺在乐山市东大渡河、青衣江、岷江汇合处的乌尤山上。乌尤山原与凌云山相连，战国秦昭王(公元前256—公元前251年)蜀郡守李冰为避沫水(即大渡河)之害而凿开二山，故又名“离堆”。山上有寺，原名“正觉寺”，创建于唐，北宋改为今名。今寺内有天王殿、弥勒殿、如来殿、大雄殿，均系明清建筑；大雄殿内的释迦牟尼、文殊、普贤像均系香樟木精雕细镂而成，全身镀金，高约3米。寺中有尔雅台，传为汉犍为郡郭舍人注释《尔雅》处；尔雅台右侧临江绝壁凿有“中流砥柱”四个大字，字径5米，为明嘉靖年间乐山人彭汝实所书。

「乌尤寺」

自东汉至南北朝时期，在今四川流行一种墓葬——岩墓，又称“蛮子洞”。四川岩墓以乐山市最多，主要分布在乐山市郊的柿子湾、麻浩、萧坝、蕴真洞、车子等地。这些岩墓依天然岩石凿成，宽敞如室，高低参差，高的难以攀登、低的埋藏地下，大的深约90米、小的约6米。有的岩墓中还保留着题字，如：萧坝台子洞象鼻墓中有东汉延熹二年(公元159年)三月十日墓表，和尚冲墓壁上刻有东汉建和年间

「麻浩岩墓」

墓表，其他墓中也有类似题刻。墓内外有浮雕，题材丰富多样，有停车话别图、将进酒图、孙叔敖故事图、老莱子娱亲图、荆轲刺秦王图、力士调弓图、猿乐及熊乐图、牧马图、车骑图等，皆古朴劲健，栩栩如生。

乐山市郊 1 千米的麻浩湾有崖墓，为一座东汉崖墓。墓室由墓门、享堂、墓道和棺室组成，深 29.93 米，最宽处 10.9 米，最高处 2.8 米。第二穴墓道口右边门柱上刻“武阳椽”、左刻“阳嘉三年”(公元 134 年)，入内门框上左刻“邓景达冢”，皆为阴文，字大 20 厘米，均为汉隶，雄劲奔放。墓内石刻图像丰富，墓门刻有飞檐、瓦当、斗拱。墓门楣上左、右各刻一半，同列的还有浮雕人像三个；大墓门飞檐上刻一虎、豹形动物。享堂三方都刻有檐、瓦当数十，花纹雕刻精细，式样不同。享堂壁上凿浮雕图像有《车辇图》《牧马图》《宴乐图》《荆轲刺秦王图》等。墓道口外门枋上刻浮雕佛像一尊，高 37 厘米，结跏趺坐，头为高螺髻、佩顶光，右手作降魔印，左手放膝上执一襟带状物，身躯突出额枋，是我国早期的佛教造像之一。麻浩崖墓图像雕刻精美，出土文物内容丰富，是研究古代社会的政治、经济、文化、历史的重要实物资料。

郭沫若旧居在乐山市区东 35 千米的沙湾场正街。故居坐北向南，背负绥山(即峨眉山第二峰)，面对沫水(即大渡河)，是一座三进中式木结构小四合院和一个小后花园。第一院的左侧房间是郭沫若诞生处；中院右侧房间是郭沫若“结婚受难”时的新房。后院紧连小花园，

「郭沫若故居」

有一间面对绥山的厅房，即为郭沫若四岁半启蒙受教的“绥山馆”家塾。郭沫若早年之《村居即景》《早起》《正月四日荣天岗扫墓中途遇雨口占一律》等诗，即作于此。旧居年久失修，面目全非，近年经当地政府维修，恢复原貌，公开展出。

川省精华之地：自贡

自贡位于四川中部偏南、长江上游沱江流域的釜溪河畔，毗连内江、泸州、乐山、宜宾四市，其所处的川南地区具有良好的区域历史文化环境。同时，自贡蕴藏有丰富的盐卤、天然气、煤及石灰石矿，素以井盐生产而著称于世，成为“富庶甲于蜀”的“川省精华之地”，且以“千年盐都”“恐龙之乡”“南国灯城”“才子之乡”而名扬中外。

「自贡」

自贡的井盐生产发端于东汉，闻名于唐宋，鼎盛于明清；清咸丰、同治年间成为四川井盐业中心，其井盐遍销于川、滇、黔、湘、鄂诸省，供全国1/10的人口食用。同时，其井盐生产技术也在世界科技史上名列前茅，形成了自贡独具一格、内涵丰富的井盐文化特色。在自贡悠久的井盐发展史中，最令人赞叹的是一整套巧夺天工的井盐钻凿、开采和煎制工艺，特别是北宋庆历、皇佑年间出现的“旧筒井”所采用的冲击式顿钻法深井钻凿工艺，开创了人类机械凿井的先河，是钻井技术的重大突破，走在世界前列。两千多年来，自贡盐工靠人力在盐场上先后开凿了13000多口盐井，累计生产食盐7000多万吨、天然气300多亿立方米。在保存下来的众多盐井中，除有名的大公井、焰阳井、发源井等遗址外，更著名的有：全国重点文物保护单位、世界第一口超千米深井——兴海井，市级文物保护单位、天然气稳产高产的现生产古井——东源井，市级文物保护单位、开采时间长达200余年的现生产古井——小桥井，市级文物保护单位、现存最高的大十四井、新大六井木制井架。

盐业的发展和运销的兴盛带来了自贡街市和城镇的繁荣，至今自贡仍保存了一定数量的风貌和格局均较完整的传统街区和古镇、古街，如：自流井地区的中化路、新民街，贡井地区的河街、老街，富顺的后街，邓井关镇的大河街，赵化镇的新华街，运盐道上的汇柴口、凉高山老街、大山铺街以及全长覆盖、别具特色的荣县莲花场古街。这些古街中，以贡井老街、河街最为古老，是自贡井盐生产和城市的发祥地之一，不仅有大公井和公井县遗址、驮运盐的骡马古道、人行的古石桥、盐舟通行的石砌河堰，还有店铺毗连的大街小巷，轻巧古朴的各式民居、石板小街。

20世纪70年代以来，自贡因发现大量恐龙化石而名扬中外，被誉为“恐龙之乡”。

自贡地区中生代侏罗纪(约2亿年前—1.35亿年前)陆相地层发育，分布广，沉积连续，恐龙化石埋藏极为丰富，是我国重要的恐龙化石埋藏地之一，也是四川盆地最早发现恐龙化石并有科学记录的地区。自1915年美国人劳德·伯克(Loude Back)在荣县第一次发现恐龙化石以来，至1990年有明确记录的出土化石点达120处；其中，1970年以后发现的恐龙等古生物化石点就达109处，遍布市辖四区、两县。自贡恐龙种类众多，在侏罗纪地层中已发掘出的化石包括著名的禄丰蜥龙动物群、蜀龙动物群(或称“大山铺恐龙动物群”)、马门溪龙动物群等3个相关的早、中、晚侏罗纪动物群。自贡已发掘的最著名的古生物化石点共有8处，即：金子凼鸟脚类恐龙化石点、伍家坝恐龙化石点、桃子林恐龙化石点、大山铺恐龙化石点、长山岭硅化木点、仲权剑龙化石点、和平肉食性恐龙化石点、新民蜥脚类恐龙化石点。其中，尤以大山铺恐龙化石是我国的国宝，其藏量之丰富、种类之繁多、保存之完好，在世界恐龙化石发掘史上均属少见。1985年，

「恐龙博物馆」

大山铺恐龙埋藏现场建成中国第一座恐龙博物馆——自贡恐龙博物馆。博物馆占地2500平方米，建筑面积6000平方米，造型独特，隐喻远古，外表粗犷古朴，内部新颖别致，具有很高的建筑艺术水平；它有机地将发掘现场、地质剖面、复原装架陈列融为一体，馆前草坪上的《史前魂》抽象图雕更赋予馆区古野、神秘的气氛。这座充满奇迹、奇观、奇趣的自然博物馆现已成为令人向往的旅游胜地。

近年来，源远流长的“自贡灯会”又重放异彩，闻名遐迩。其实，早在9世纪，自贡灯会即在自贡民间盛行，且习俗长流不衰。清道光年间，这里就有了狮灯场市；1911年庆祝辛亥革命时又兴起提灯会，每年10月10日彩灯游行。20世纪60年代，自贡开始有组织地办灯会，并于1987年改为“自贡国际恐龙灯会”,享誉海内外，赢得“南国灯城”的美誉。自贡灯会将传统彩灯技艺同现代科技融为一体，达到了形、光、声、动、色均佳的境界。整个灯会，灯景结合、水陆结合、空陆结合、动静结合，规模宏大的组灯与精巧玲珑的传统小灯结合，千姿百态，题材广涉古今中外，展示出很高的思想性、知识性、艺术性、趣味性、游乐性，适应了不同层次的人们的审美需要。

「自贡灯会」

悠久的井盐历史、灿烂的井盐文化，涵养和促进了整个自贡盐场诸多民间艺术的发展，使自贡成为文化部命名的“中国民间艺术之乡”。自贡的工艺美术有精美绝伦的“龚扇”、风格独特的“自贡剪纸”和格韵高雅的“扎染”等三大传统产品，被誉为自贡民间工艺的“三绝”。此外，实用性较强的草编以及受人喜爱的面塑、糖画、撕纸等民间工艺亦极富地方、民族特色。自贡扎染在秦、汉时即已流行，在唐时名噪古都长安。传统扎染以家织棉布为材料，蓝、白二色，构图对称，图案以花鸟鱼虫、福禄寿喜为主。20世纪70年代初，自贡民间工艺美术家张宇仲(20世纪30年代后期毕业于国立艺专)等人经过长期研究后，使自贡扎染取得了全新的突破：其用料不仅用棉布，而且丝、绸、缎、绢、麻均可；其色彩不仅保持了庄重、古朴传统，而且根据需要，赤、橙、黄、绿、青、蓝、紫并用；其题材也有所开拓，古代传说人物、汉画像砖、石刻、敦煌壁画、历史名画乃至国外题材均可采用，其构图打破了注重对称的传统，而吸收国画、油画、装饰艺术以及现代绘画艺术流派的表现手法。自贡扎染的创新之花如今已传遍全国，其优秀作品《簪花仕女图》《敦煌反弹琵琶》《飞天》《汉画砖伎乐天》《青龙》《白虎》《朱雀》《玄武》《李冰开盐井图》等早已受到中外人士的广泛青睐。自贡剪纸又称“中国自贡剪纸”，由已故著名剪纸艺术家余曼白创新发展。他继承了自贡民间剪纸的文化传统，将北方剪纸的粗犷刚劲与南方剪纸的细腻精微较好地结合起来，形成了块面结合、曲直相宜、疏密有致、刚柔并显的独特风格。1960年代初，四川人民出版社就出有《余曼白剪纸图案》，影响深远。现在，余氏弟子向生祥、沈成林等人不仅师承传统，而且又另辟蹊径，使自贡剪纸更加丰富多彩。龚扇是自贡地区一龚姓人家世代相传的绝技，清末曾选送入宫，被光绪帝赐名“宫扇”。龚扇制作精细，将优质黄竹加工成细如发丝、薄如蝉翼、柔似绫绸的竹丝后编制而成，扇面为圆形，一般直径为24厘米，微型扇直径仅5厘米左右。扇把用楠竹、牛角、象牙制作，并以珠

「龚扇」

宝翠玉为扇坠。龚扇有高、中、低不同档次，其中以双面竹丝扇为精品，与双面刺绣有异曲同工之妙。龚扇的图案有花鸟鱼虫、山水风光、人物等。建国后，龚扇得到政府扶持，产量和质量均有了很大的提高，多次出国展览，销往美、英、法、日等50多个国家和地区，并多次作为馈赠国宾的礼物。

自贡有重点文物古迹、风景名胜点50余处；这些独具特色的文物古迹、风景名胜装点着自贡的壮丽河山，被誉为“国之瑰宝，世界奇观”。

「荣县大佛」

其中，荣县大佛在自贡市荣县城东旭水河畔的大佛寺中。大佛寺殿宇层叠，气势磅礴，始建于唐代，初名“开化寺”“大佛殿”，宋称“真如观”，清嘉庆时重建，因凿有巨大的释迦牟尼大佛而著名。大佛依山而凿，头与山齐，头盘螺髻，足踏莲花，面形方长，大耳高鼻，气势雄伟，比例匀称，神态安详，衣饰雕刻精美，线条细腻流畅，是我国古代摩崖造像中的精华。

荣县大佛通高36.67米，头长8.76米，肩宽12.67米，脚宽3.5米，体量仅次于乐山大佛，为中国第二大佛。

富顺文庙在富顺县城中心，坐北朝南，始建于北宋庆历四年(公元1044年)，历经20余次修葺，始成今日雄秀川南的规模。文庙占地6320平方米，建筑面积3000多平方米，完全仿照山东曲阜孔庙格局营建，具有典型孔庙格局和清代古建

「富顺文庙」

筑风格。整个建筑群呈长方形态，围墙环抱，主体部分均为琉璃屋面，主次分明、殿阁相间、井然有序地组成了富丽堂皇的建筑群。我国古建专家罗哲文称其是“规模宏大，建筑精美，保存完整，为不可多得的文物建筑珍品”、“古建精华”。20世纪80年代后期以来，地方政府对文庙进行了一系列大规模的彻底修葺。

南方丝路起点：平乐

「平乐」

历史悠久、人文鼎蔚、风景如画的平乐古镇是古秦汉驿道—南方丝绸之路(蜀身毒道)的起点，这里民风纯朴、建筑独特，堪称巴蜀文化楷模。平乐古镇位于四川省邛崃市西南19千米处，白沫江悠悠地绕过古镇，两岸古木参天，远远望去如云盖地。老榕树、白沫江、沿江而建的吊脚楼、青石铺成的街道，宛如一幅幅山水画向人们诉说着平乐古镇的悠远与宁静。

平乐古称“平落”，是一块四面环山的小盆地，因修水利、兴农桑而起聚落，如平地落宝，因此而得名平落，久而久之，人称“平乐”。三国时期，蜀相诸葛亮为壮国力，实施休养生息的政策，大搞屯田，不仅令山民“渐去山林，徙居平地，建城邑，务农桑”，还令军队实行“军屯”，“且田且守”、“大积军粮”。作为当时蜀国的 “军屯”重镇，平乐镇内“军屯”营盘随处可见。为了纪念诸葛亮，平乐人至今仍然保持着燃放“孔明灯”的习俗。平乐当地的纸、茶、柴、布、竹等山货皆由白沫江水路下南河，一路从府南河进成都，一路从乐山出四川；陆

「燃放孔明灯」

路则由平乐川南蜀道直至云南、缅甸。一时间，平乐成为“水陆通道，市口繁富”，九省商贾汇集，八方财货相聚；水码头上帆墙如林，叫卖不绝；白沫江上百舸争流，千帆竞发；茶楼酒肆笙歌绕梁，灯红酒绿；古驿道上游人如织，商旅繁忙，简直就是一幅川西“清明上河图”。

作为川西重要的物资集散地、水陆码头，平乐镇形成了有别于其他川西古镇的民居建筑样式和街区风格。为了便于货物装卸和交易，街区沿江而建，格局呈鱼骨状。33条街道长短不一、曲直有度，街口节点一般为两层，木制穿斗结构，青瓦木檐，高低错落。现有明清建筑20多万平方米，有22条街道保持明清古街风貌，风格之统一居西蜀之冠。繁荣的商贸造就了众多的平乐富绅。纸商、茶商、船商等大户人家纷纷择地择基而建深宅大院，至今尚存的有李家大院、徐家大院、朱家大院等。这些大院依然保持着明清时期的古朴风貌，被称作“川西最大的古民居群”。值得一提的是李家大院。李家大院选址于高山之巅、竹林掩映之处；之所以如此选址，同其所经营的行业有关。以造纸业为主的李家选择高山竹海旁，可就近取材、就地加工，有利于节约成本。李家大院所在的花揪村不仅盛产茶叶，而且茶叶质量上好，早就入选贡茶；李家选择此地做茶叶营生，可谓占尽天时、地利、人和。李家大院地处“佛爷岩”阳坡，即东坡。据说，在阳光灿烂的日子，有人多次在对面的山顶上看到李家大院所在的位置银光闪闪，而到近处观看却一无所有，与平常无异。略懂风水的李洪楷找风水先生询问，得知这是“佛爷晒肚”的地势，属于旺财旺人的极佳风水位置。

「高山之上的李家大院」

平乐古镇位于南方丝绸之路之上。2300多年前，早在张骞尚未凿通西域、开辟西北丝绸之路以前，平乐的先民们就已开发了一条自四川成都至滇池沿岸，经大理、保山、腾冲进入缅甸，远达印度的“蜀身毒道”(身毒是印度的古称)；南方丝绸之路要比著名的北方丝绸之路早两个世纪左右。

「骑龙山古驿道」

这是一条民间的国际通商大道，战国初期即已形成，是我国西南地区最古老的对外贸易的陆路交通，对于沟通古代中国与南亚、西亚及西欧各国的关系有着重大的影响，同时也是中国最早的对外交通线。蜀身毒道由灵关道、五尺道、黔中古道、永昌道4条古道组成；由于它始于丝织业发达的成都平原，并以沿途的丝绸商贸著称，因此被历史学家称为“南方丝绸之路”。古驿道位于平乐骑龙山上，是一条顺着山势蜿蜒而行的卵石大道。公元前2世纪，被誉为“汉赋之圣”的成都才子司马相如即由此驿道出使西南夷。据史书记载，这条古驿道“古已有之”，“秦时尚通”，“至汉兴而罢”。蜀汉时期，古驿道上商贾不绝，车马奔驰。为了防止西夷的偷袭，诸葛亮不仅对五尺道进行了加固，且又增加了堞墙，使之成为军事甬道；古驿道因此而改称“马道”“箭道”和“孔明道”。南北朝时期，平乐镇被南方獠人占据200多年，古道因战火而逐渐荒芜。直至唐代中期，古道才又复繁荣，商贾络绎不绝；其时改称“剑南驿道”“剑南山道”，百余年的商贸、运输给平乐带来了无尽的繁华。就这样，平乐古驿道在岁月风尘中，在不断更换称谓的过程中，始终肩负着经济、文化交流的重任，开拓出了中国最早的一条对外陆路交通线，同时也成为我国西南与西欧、非洲、南亚诸国交通线中最短的一条线路。

北宋初年，火井县治迁至平乐，中途有大批移民涌入，给平乐带来了先进的农垦及手工业技术。他们利用当地丰富的竹资源和水资源开纸厂、搞航运，使平乐成为了名副其实的“造纸王国”。随着集镇的兴起，镇上相继建成了陕西会馆、江西会馆、湖广会馆等移民商贸的汇聚之地。据《邛州志》记载：“成都草纸半平乐。”10千米的芦沟和白沫江两岸，造纸作坊林立，运纸船队穿梭。除了造纸，平乐县的冶铁行业很早就掌握了先进的技术。我国是世界上最早利用天然气的国家，比西方要早1000多年；其发源地就在平乐。西汉时期，平乐人就利用浅层天然气煮盐冶铁。三国时期，诸葛亮屯兵平乐，事农耕，开“屯垦”先河；同时，亲临平乐“祭火井”，开发天然气，冶铁铸器。自古以来，平乐不仅是古代川西南的出入要津，同时也是一个重要的冶铁生产基地。其铁厂呈现出“铁山鼓铸，运筹策，倾滇蜀之民，富至僮千人”的局面。规模之大、人员之众，可见一斑。也许，正是对打铁这门传统工艺有着太深厚的感情，平乐镇上到现在还开着多家铁匠铺，虽然岁月的脚步已经走到21世纪，镇口桥头那一家有着百年历史的铁匠铺内依然是热闹非凡：手拉的风箱呼呼作响，炉火映红了村头的一角，打铁的锤声延续着古老的手工业文明。

平乐古镇是一个依山傍水的水镇，有两座石桥连接两岸：一座在镇口，一座在下游四五百米处。镇口这座叫“兴乐桥”，桥头有一棵硕大的有着150多年树龄的黄桷树。虬曲的树干极尽嶙峋突兀之势，写满了饱经风雨的艰辛；而树冠却重重叠叠，撑起一派葱茏，树阴覆盖达几十平方米。另一座桥叫做“乐善桥”，是一座七孔石桥，建于清同治元年(公元1862年)，已有142岁高龄。此桥长120米、高16.6米、宽10米，在既无钢筋，又无水泥的时代，能建造出如此规模的一座桥梁，在中国乃至世界建桥史上堪称奇迹。早在先秦时期，这里就是川西南重要的水陆码头，是行商往来、物流聚散之要津。对于它的交通地位，镇前牌坊上的对联作了精要的概括：“沫水西来奔长江汇九省商贾繁荣千年埠镇；骑龙东去通锦城聚八方物货富裕百里黎民。”

「乐善桥」

古桥固然精彩，古屋也令人嘘叹。川西沿江处常见的吊脚楼在平乐也是一道怡人的风景，街上成片的木板房、小青瓦屋与一排排临江的吊脚楼相互辉映。沿江吊脚楼多由建筑二层向外出挑，其形似封闭式阳台；向外挑出的吊脚楼与沿江越墙而出的榕树融为一体，“一”字形排开。

「吊脚楼」

“人”字形的屋脊、青灰的瓦楞、黝黑的屋顶，让人们看到了古镇历史的悠远与文化的厚重。河床上，一根根、一排排或木制、或砖石的立柱将吊脚楼高高擎起；它就是古镇的柱石，支撑着古镇人民亘古不变的生活。吊脚楼临河的一面均开窗，窗口旁一个个高悬的火红的灯笼把吊脚楼点缀得格外欣欣向荣。窗前，一棵棵古榕树或高过屋顶、或当窗而立，浓阴蔽日，为民居送来清凉与惬意。吊脚楼里，一重屋檐就是一户人家。屋檐的高低错落代表着家庭的经济潜能，代表着辈分的长幼。更确切地说，吊脚楼简直就是大楼套小楼。从总体上看，前一家的吊脚楼要比后面一家的楼房错出约2米。如果将我们的视角换一个方向，或将吊脚楼放倒看，整个楼群简直就似一个完整的阶梯一般，给人级级向上，永不完结的感觉。吊脚楼依河的走向而建，随河流的弯曲而弯曲。住在吊脚楼里的人们以涛声为乐，枕河而居，听涛而眠，以万籁之声为曲。江河如链，宛如系在邛崃大地上的锦绣，绽放着熠熠的光彩。

天府之国：成都

成都是四川省会、重要的科学、文化中心，西南地区主要的中心城市，也是一座有着悠久历史的文化古城。它位于四川盆地西部、成都平原上，雄踞四川省中心，东有龙泉山拱卫，西有邛崃山屏障；境内主要河流10多条，岷江、沱江两大水系相织成网，河流纵横，渠堰栉比；属亚热带湿润气候，湿度大，云雾多，日照少，古有“蜀犬吠日”之说。

「成都」

由于成都境内气候温和、雨量充沛、土地肥沃，都江堰灌区河网密布，农业生产条件极为优越，因此它是我国著名的农业高产区之一，自古即号称“天府之国”。

远在3000多年前，成都地区就有原始部落聚居。成都地区的“巴蜀文化”可追溯到3700年前的殷商时期，其建城史迄今也有2300多年。东周末，成都为蜀国辖地。据《太平寰宇记》所载，公元前4世纪蜀王开明第九世从郫县迁成都时，曾大兴土木，建城筑楼，“一年成邑，二年成都，因名之曰成都”。公元前316年秦灭蜀国，秦惠文王派张仪、司马错入川，并巴、蜀，改蜀国为蜀郡；今成都之东、西城区即当时蜀郡所属县城之一。秦时，成都为西南地区政治、经济中心，设有盐铁市官和工官。秦昭襄王时，李冰为蜀郡守，修都江堰水利工程，“水旱从人，不知饥谨，时无荒年，天下谓之天府也”(《华阳国志·蜀志》)。公元前311年，秦人按咸阳建制修筑城垣。公元前106年，汉武帝在全国设13州刺史部，四川在成都置益州刺史部，分管巴、蜀、广汉、犍为四部；秦末汉初成都取代中原而称“天府”。西汉时期，成都的织锦业已十分发达，设有“锦官”，故有“锦官城”即“锦城”之称。西汉末年，公孙述称帝，定成都为“成家”。东汉末年，刘焉做“益州牧”，移治于成都，用成都作为州、郡、县治地。隋唐时期，成都经济发达、文化繁荣、佛教盛行，成为全国四大名城(长安、扬州、成都、敦煌)之第三位，农业、丝绸业、手工业、商业发达，造纸、印刷术发展很快，经济地位有所谓“扬一益二”之称， 即：成都是当时仅次于扬州的第二大经济都会，以繁华富丽名满

「琴台古径牌坊」

全国。唐末，王建、王衍父子据四川称蜀帝共34年，史称“五代前蜀”；五代孟知祥、孟昶父子继前蜀称帝共31年，史称“五代后蜀”，成都均为国都。后蜀后主孟昶命人在土筑城垣上遍栽木芙蓉，每到中秋，芙蓉花开，给成都添上鲜艳的花环，故成都又名“芙蓉城”或“蓉城”。唐、宋之时，成都城东、西、南、北都设有专门的蚕市、药市、花市灯会。由于商业发达，成都出现了世界上最早的纸币“交子”。宋、元时期，成都鼎兴，经济、文化更加发达，丝绸业规模扩大、品种增多每年成都上交丝绸商品，占全国各地上交总数的70%以上。宋元以后，成都为四川乃至整个西南地区的政治、经济、军事、文化中心。明末，张献忠的大西国农民起义政权在此建都，称“西京”。清以后，成都一直为四川省会。1928年，成都改为四川省直辖市。1950年为川西行署驻地；1953年恢复四川省，成都一直为四川省省会。

历史上的成都城时有兴废扩建，但城址基本上无大迁动。最早的城垣为春秋末期的蜀王城，大致以今天的文殊院一带为中心。秦灭蜀后，于秦武王元年(公元前310年)由张仪和张若筑成都大城，后又在大城西筑少城；整个成都城呈龟城形态，周长12里，高7丈，由大城与少城组成。秦庄襄王时(公元前249—公元前247年)，李冰穿郫江、流江，双流城南，基本形成“双城双江”局面。

「宽窄巷子」

隋时，成都少城向南扩展，筑新城周长10里；唐僖宗乾符二年(公元875年)，西川节度使高骈在秦城外扩建罗城，周围25里，设街坊120条，形成现在的府河、南河“二江抱城”的格局。明代筑砖石城墙，建蜀王宫城，俗称“皇城”，其规模宏大，富丽堂皇；明末毁于兵火。清康熙年间三次重修城垣，周长22里，高10米，形成正南北的皇城、与皇城成30度偏角的大城以及呈鱼骨状街道的少城等三个各具特色的街道系统。

按照我国历史文化名城分类，成都属地区统治中心类，它东有龙泉山，西为龙门山，宛如“双龙抱珠”；晋代文学家左思说它是“金城石郭”、“既丽且崇”。蜿蜒的二江环抱着古老的城池，造型优美的古廊桥和石拱桥横跨江上，金河横贯其中，御河环绕皇城，“大城”“皇城”“少城”三种格局的道路系统相互依托，青瓦白墙的四合院鳞次栉比，古雅别致的祠庙、殿堂浮升其上，苍翠碧绿的古树掩映其间，城中心宏伟的明远楼、庄严的辛亥革命保路死事纪念碑、城东南翠竹簇拥的望江楼、城南古柏森森的武侯祠、城西南楠木葱茏的草堂寺以及城区殿堂层叠的文殊院、大慈寺等等各具特色，相互辉映。

其中，成都南郊的武侯祠是君(刘备)臣(诸葛亮)合祀的庙宇，所以既庄重严肃，而又君臣有别、上下有别、忠奸有别、肖与不肖有别(不肖的刘禅没有进入庙祀)。按照这些封建观念，祠宇的规划布局很有分寸。武侯祠初建于西晋末年，到唐时已成为古迹名胜，故杜甫有诗云：“丞相祠堂何处寻，锦官城外柏森森。”武侯祠从中轴的南端大门起，中有正门三楹，两旁各有便门一道；红墙青筒瓦，庄重严肃。进入大门后，院落纵向开敞，甬道两旁有唐、明、清碑六通，其中最著名的是东侧之“蜀丞相诸葛武侯祠堂碑”。碑由名相裴度撰文，成都少尹柳公绰(柳公权的哥哥)书写，著名雕刻家鲁健刻石；文章、书法、刻技三者皆绝，故称“三绝碑”。正前方为刘备殿，正中坐刘备，关、张分祀东、西；东厢祀文臣，西厢祀武将，均为彩塑(28尊)，围向长方形的闭合院落，殿、厢皆开敞，宛如开会议事，表现了蜀汉的“人和”局面。主殿高大宽敞，殿前辅以丹陛；左右及两厢屈从主殿，在君臣名分上做文章。祠宇最后为诸葛亮殿，亦名“静远堂”；殿前有扇门，门前有廊，前对楹联过厅。楹联过厅是刘备殿与静远堂之间的缓冲区；左右有厢及架空的钟、鼓楼，再东、西各有亭榭池沼，使静远堂水碧堂幽，与刘备殿的严整迥异。

「武侯祠」

「杜甫草堂」

杜甫(公元712—770年)是诗中圣哲，他在成都颠沛流离时居住过的浣花溪的杜甫草堂一直受到历代人民的崇敬，驰名海内，为全国重点文物保护单位。唐玄宗天宝四年(公元745年)，杜甫寓居长安，本以为“自谓颇挺出，立登要路津”，谁知科举不中、仕途无门,穷困潦倒、疾病缠身,过着艰辛的生活。安史之乱起,杜甫在写了《三吏》《三别》等名篇之后，于唐肃宗乾元二年(公元759年)“季冬携童稚，辛苦赴蜀门”,12月底到成都。当时，他年近半百，在朋友的支持下，营建浣花草堂。北宋元丰年间(公元1078—1085年)，为了纪念杜甫，人们在草堂建园立祠，以后历代都进行修葺改建，最终形成今日的草堂。其布局由大殿、诗史堂、柴门和工部祠组成，非常雅静清幽，祠宇、寺庙、园苑、水系、花木、楠竹协调贴切，没有北方苑囿的富贵堂皇气，没有江南园林的柔弱书卷气，也没有岭南园林的华洋综合气，而是朴素飘逸，粉壁青瓦，淡雅无华，简洁明快。建筑穿插园林，园林包围建筑，建筑空透灵巧，树木茂密浓郁。春到锦城，草堂先知；诗人品格高尚，草堂扫尽浮华。

“薛涛笺”相传为薛涛所设计的笺纸，又名“浣花笺”。

望江楼又称“薛涛井”，本是以纪念薛涛为主的园林。薛涛，字洪渡，大约生活在唐代宗至文宗时期（？—832年）。薛涛原籍长安，父亲薛郧游宦成都，生薛涛，因此人称“成都薛涛”或“西蜀薛涛”。父亲死后，薛涛虽曾被迫作乐妓，但当时的名士仍以女诗人待之，尊为“女校书”，为世人所重。薛涛才华横溢，身世凄凉，喜诗文、工绝句，识音律、善书法，琴棋书画俱佳，特别是薛涛笺颇负盛名。薛涛多与学士名流

「望江楼」

酬唱往还，诗作大都流失，仅余90余首传世。园北为大门主入口，中部为主景区，望江楼、濯锦楼、吟诗楼位于江滨，一阁高起、两楼左右，成为控制江上景观的主要建筑群；薛涛井、浣笺亭、清婉室、泉香榭、五云仙馆及展览室散居其后，布局疏朗，别有情趣。因薛涛爱竹，故园内大量种竹，拥有琴丝竹、鸡爪竹、实心竹、斑竹等名贵品种，在品种(共达140多种)和规模上均饮誉中外，又成为风姿绰约的“竹的园林”。此外，园中的崇丽阁又名“望江楼”，为明清所建，共4层，高30米，上两层为八角、下二层为四角，阁尖为鎏金宝顶，现为成都市的标志，故公园也名“望江楼公园”。

世界著名水利工程：都江堰

都江堰市位于成都平原西北边缘、岷江上游和中游结合部的岷江出山口，东南距成都市48千米。都江堰市历史悠久，新石器时代就是古老蜀族活动的地区。政区设置始于秦，元置灌州，明改灌县，一直沿袭到解放后；1988年5月撤销灌县，设立都江堰市，面积为1207.5平方千米。都江堰市区依山傍水，形成山、水、林、堰浑然一体的独特风光，是中外游客瞩目的旅游胜地。2000年，青城山、都江堰被列入《世界文化遗产名录》。

「都江堰」

都江堰位于四川省岷江中游、都江堰市城西1华里，系战国晚期秦昭襄王晚年(公元前276—公元前251年)蜀郡守李冰率众创建。因地在湔山，故名“湔堰”；因建成后控制了成都平原的水患，故又名“都安堰”。到宋代，因称灌溉成都之江为“都江”，乃名“都江堰”。堰由“鱼嘴分水堤”“宝瓶引水口”“飞沙堰溢洪道”三大主要工程组成，再和其他工程设施配合，成为一项具有2270多年历史、至今仍发挥巨大效益的水利工程。

「都江堰水利工程」

岷江发源于四川省松潘县岷山南部的弓杠岭，流经乐山、宜宾后汇入长江，全长700多千米。上游山高坡陡，岷江自岷山雪峰汇集百川，夹带大量泥沙飞泻而下，至都江堰市城区西3千米处，陡出峡谷，流速顿减，像一把纸扇向东南展开。千百年来，岷江造就了沃野千里的成都平原，同时又给平原人民带来无穷的水患灾害。为了变水害为水利、把蜀地建成秦国可靠的战略后方，蜀郡守李冰根据都江堰一带的地形特点和资源条件，带领人民将玉垒山伸向都江堰城西的一段余脉凿开一道约20米宽的口子，利用其坚硬岩壁作为节制引水的咽喉，凿开的口子叫“宝瓶口”，开凿之后离开主山的小丘叫“离堆”。又在崛江江心利用其沙卵石修筑长约500米的分水堤，把岷江分为内、外二江，外江是岷江飞流、内江是人工引水渠道，使导引来的眠江水经宝瓶口的节制后流入成都平原。为了不使过多的洪水及泥沙进入内江灌溉渠道，还在分水堤中段修建了宽约200米的滚水坝——飞沙堰，让洪水、泥沙自动泄归外江，这样，便有效地控制了引水渠的泥沙和流量，构成了一套科学的、完整的排灌系统，既保证了灌溉，又避免了水患，从此“西川沫水害减，而耕桑之利溥矣”(《宋史·河渠志》)。司马迁在《史记·河渠书》中对都江堰作了最早的记载：“蜀守冰，凿离堆，避沫水之害，穿二江成都之中……一用溉田畴之渠以万亿计，然莫足数也。”晋常璩在《华阳国志》中也盛赞李冰开创都江堰后，使川西平原

“旱则引水浸润，水则杜塞水门……水旱从人，不知饥谨，时无荒年，天下谓之天府也”。

都江堰市城西1千米处的二王庙，是纪念李冰父子的庙宇。这里，峰峦秀丽，古树参天，与都江堰两相对峙，互见于水光山色之中；庙内梯回壁转，亭殿交错，飞檐叠阁，宏伟庄严，是都江堰重要文物之一。二王庙古为纪念蜀王杜宇的望帝祠；南朝齐建武时(公元494—498年)，益州刺史刘季连将望帝祠移于郫县，原址改祀李冰，命名为“崇德庙”，含崇敬李冰恩德之意。北宋开宝五年(公元972年)，宋太祖诏修崇德庙，扩大了庙基，增塑了李二郎像。自五代王建(公元900—935年)据蜀以后，李冰父子相继被敕封为王，故此，到了清初改名为“二王庙”。二王庙系道教庙宇，规模宏大，布局严谨，共分主殿三重、配殿十六重。正殿祀李冰塑像，神态亲切庄严；他正襟危坐，深思熟虑，手持绢图，仿佛治水方案已胸有成竹。后殿祀二郎，手持铁锸，挺立江岸，气宇轩昂，大有不平水患誓不休之意。庙内刊刻有许多治水经验和论述，是我国古代征服自然的科学总结。清末绘制的《都江堰灌溉区域图》展现了灌区古貌；赞颂李冰治水的匾额、楹联、诗词、碑刻等随处可见，其中有不少是御笔和名人手迹。清乾隆八年(公元1743年)修建的乐楼至今完好，是道教建筑艺术的代表。庙后新建的“秦堰楼”高大雄伟，矗立山间，是1958年3月21日毛主席视察都江堰时的观景之地；这里，地势高朗，江流绕山，都江堰渠首工程历历在目，是中外游人必游之地。

「二王庙」

修建在离堆之上伏龙观又名“老王庙”“李公庙”“灌口庙”“伏龙寺”“李冰祠”等，是纪念李冰治水的专祠。宋范成大《吴船录》云：“相传李冰锁孽龙于离堆之下。”故得名。伏龙观原系晋(公元304—334年)成都王李雄为青城隐士范长生所建的“范贤馆”，北宋初年正式改祀李冰，称“伏龙观”。伏龙观依离堆山脊修建，三面悬岩绝壁，下临惊涛骇浪，与附近山水城郭、古迹津梁相融，水光山色雄奇壮丽。整个建筑为歇山屋面，分主殿三重，依地势前低后高，坐西向东，构筑在中轴线上。观前紧接42级宽3丈1尺5寸的石阶和开阔大坝，使伏龙观外貌格外雄伟壮观。从侧面看，伏龙观像一座玲珑别致的水中盆景；俯视则如镶嵌在都江堰上的一颗灿烂明珠。伏龙观色彩朴素，造形庄重典雅，装饰轻巧玲珑，前后左右环视均十分动人，特别是前、后两处景观与环境十分和谐。

二王庙前的岷江上有安澜桥，俗称“索桥”，古名“珠浦桥”为我国西南山区常见的传统悬桥型式。它以木为桩，以竹为缆，上铺木板，旁设翼栏，长500余米，分8孔横跨都江堰鱼嘴和内、外二江，远眺索桥，宛若跨水长龙；两岸行人可安渡狂澜，故名为“安澜桥”。桥始建于唐；宋淳化元年(公元990年)，大理评事梁楚知永康军时对索桥进行重建后，以官名称为“评事桥”；明末毁于战火，清嘉庆八年重建。民间传说，邑人何先德夫妇倡议并募资修复，因地方官吏吞没桥款，何揭露其弊端，竟被杀害，乃激起民愤，复推举其妻续修，索桥始成，后人名之为“夫妻桥”；今川剧中就有故事流传。1974年修外江水闸时，因工程需要，将桥址下移约100米，原桥墩木桩改为混凝土桩，竹索亦为钢缆所代替。安澜桥为都江堰的防洪抢险和促进两岸人民的物质、文化交流起了重要作用，并以其悠久的历史、特有的长度、精巧的结构和壮观的外貌而成为我国西南地区索桥的杰出代表，至今仍吸引着千百万游人登临观赏。

「安澜桥」

古堰放水节是都江堰最隆重的庆典。清代诗人山春的《灌阳竹枝词》道出了它的盛况：“都江堰水沃西川，人到开时涌岸边；喜看杩槎频拆处，观声雷动说耕田。”放水节又称“开水节”，清代名为祀水，源于远古对水神的祭祀。古时岷江的水神称作“奇相”，到秦时因蜀守李冰建堰有功，以后便改祀李冰。而把清明节定为放水节，则在北宋太平兴国三年

「放水节」

(公元978年)即已开始；这一古老的庆典民俗相沿至今已有千年。在清代，每年的放水庆典由总督、巡抚等省级高官主持。开水前夕，主祭官从成都出发，途中要到郫县“望丛祠”祭拜古蜀国治水有功的望帝和丛帝，当晚宿灌县行台衙门。次日早晨，放水活动正式拉开序幕：大型鼓乐队和仪仗队在前头引路，主祭官坐轿，随从抬着丰盛的祭品；先到伏龙观，再沿着玉垒山古驿道出宣威门和玉垒关，来到二王庙；再由二王庙到杨四庙前江边的彩棚内正式开水。古堰两岸，人群密集；盘山路上，观者几重。主祭官员号令一下，“轰轰轰”三声礼炮，顿时锣鼓喧天，火炮齐鸣。几个剽悍的堰工纵身跳上内江拦河杩槎，挥动利斧，砍断杩槎盘杠结点的竹索，用大绳系住“杩脑顶”；岸上十余个大汉接过扯杩大绳，拉倒几栋杩槎。拦河杩槎解体了，碧蓝的江水犹如脱缰野马，从决口处涌入内江。两岸群众面对滔滔江水，欢欣鼓舞。年轻人拼命沿江疾跑，众呼雀跃，不断用小石子向流水的最前端掷去，名为“打水脑壳”；老人们则争舀“头水”祀神，祷祝五谷丰登。1990年，为了弘扬民族传统文化都江堰市，决定恢复传统的都江堰放水节，四川省及成都市的负责人均光临盛会，使放水节成为都江堰市极具特色的传统节日。

嘉陵第一江山：阆中

阆中位于四川北部、嘉陵江中游，境内有“一江四河”(嘉陵江，东河、西河、构溪河、白溪河)，地势为北高南低，东西高、中部低，总面积1977.8平方千米。阆中市区位于嘉陵江左岸，海拔382.6米；山围四面，水绕三方，兼有七关合护，形成天然屏障；城寰所在，大坝平衍。

阆中历史悠久，源远流长。在市区东北部的蟠龙山麓、西北郊的兰家坝，

「阆中」

均采集了不同类型的石刀、石斧、石凿、砍砸器等多件石器，说明新石器时期即有先民在这里繁衍生息。据《舆地纪胜》引《元和志》记载，阆中因阆山四合，阆水(即嘉陵江)迂曲、经县三面，县居其中，以此为名。战国中期（公元前330年），巴子国都由江州（重庆）迁于阆中，阆中成为巴国别都，“七国称王，巴亦称王”，成为经济上相当发达、军事上雄踞一方的重镇。周慎靓王五年（公元前316年），秦惠文王遣张仪、司马错伐蜀，灭之，置为巴郡，分设阆中等三十一县，郡治阆中。此后2000余年，“阆中”一名除因隋朝避文帝父杨忠讳而一时改称“阆内”外，历来相沿不辍。同时，阆中也一直作为历代封建帝国统治西南的重镇。

由于阆中向为川北政治中心，又位居沟通关中与巴蜀，及循水路下达江汉的地理要冲与水陆辐辏，因此它也成为古代川北第一巨邑。承平时，乃为陕、甘、鄂以至京、广诸地商贾和货物集散大埠，商业繁荣；至今犹存的陕西、江西、湖广、浙江诸会馆即反映了这一特点。由于交通便利，加之山川奥衍、景观秀丽，阆中也成为古代宗教活动和旅游观赏的胜地，素有“阆苑仙境”之称。道教始祖东汉张道陵寓阆中修道授符箓处，东晋道教宗师葛洪修道炼丹的天回观，唐代吕洞宾修仙的吕祖殿、吕仙洞等胜迹遗于阆中，说明阆中乃道教圣地。而间中诸多佛教建筑，如唐之观音寺、摩崖石窟，元代永安寺等遗存，以及清初麦加“西来上人”噶德勒耶教派大师祖华哲阿卜董那希墓地上营建的巴巴寺，至今仍为国内伊斯兰教著名圣地等等，也均说明古阆中宗教文化之胜。

阆中山川钟灵毓秀，人文化成，代多闻达，科甲鼎盛，擅美全川。秦汉之交，巴人领袖范目佐刘邦定三秦而封侯；三国时蜀汉能臣良将程畿、马忠等，亦皆出于阆中。隋唐开科举取士，阆中人才更是光耀一时。唐德宗时，出有尹枢、尹极兄弟状元；宋初又出陈尧叟、陈尧佳、陈尧咨三兄

「魁星楼」

弟状元。方志中备列唐以来中进士、举人、副榜闾仁、武举等名录，为数蔚为可观，至今阆中城尚存读书岩、将相堂，状元洞、状元街、三陈街，一元、二元、三元、四元街，状元坊，以及魁星楼、文风塔(自塔)、书院、学宫、考棚等诸多旧名、遗迹及古建文物，无不反映古代阆中“郁郁乎文哉”的风尚。《华阳图志》云，“巴有将，蜀有相”；而阆中将相兼而有之，可谓地灵人杰。

「观星楼」

古阆中的文化底蕴，最令人瞩目之处还在于它是汉唐时期我国著名的民间天文研究中心。西汉武帝时，阆中人落下闳应诏入长安，与司马迁共制《太初历》，为我国历史上第一部记载完备的著名历法。为制历而观天，落下闳又创制浑天，为后世所谓浑仪之宗。落下闳的杰出才能为汉武帝青睐，但拜侍中他却不受，仍返乡从事天文研究。今阆中城管星街之称、周隶大院内观星楼遗址，就是阆中人对其业绩的历史纪念。

自汉及唐，风水之学盛行，许多天文学家也成为风水大师，袁天罡与李淳风更是如此，也被尊为风水大师，并使阆中深受影响。“阆中”之得名，与其山水形胜名实相符。它位于由大巴山脉、剑门山脉与嘉陵江水系交汇聚结，形成山水严密缠护的形胜之地。它北距广元180千米，有栈道、朝天峡等天险，循古金牛道可通汉中；东距通江、南江、巴中200余千米，有大巴山为屏障，循古米仓道可出汉中；西北至剑阁120千米，有云下雄关剑门可守险；溯白龙江北上可通碧口，为川、甘孔道；向南，循金牛道、米仓道及绕城而过、纵贯南北的嘉陵江，则可经层层关拦而通巴蜀腹地以及江汉滇黔。阆中城恰居此沟通中原与巴蜀等地的水陆要冲，而城寰所在，大坝平衍，人物繁庶，又山围四面，水绕三方，兼有七关(南建、五吉、河溪、梁山、锯山、土地、滴水)合护，成金汤之固，且风光佳丽，所以，2000多年来它成为川北政治军事重镇、商贾辐辏和文人墨客的荟萃胜地，并因此促进了本地经济和文化繁荣、人才辈出，且契合于人杰地灵的传统观念，故被世人视为风水宝地。阆中古城的建筑布局也是按照风水意向而规划的。在权衡四面山水而择定的阆中城市中心，即北大街、西大街、东大街及南对锦屏山的双栅街的十字交接处，建有“中天楼”，其意象应于风水“天心十道”之喻。城内其余街巷均以中天楼为核心、以十字形大街为主干，向东、西展开。各街巷取向无论东、西、南、北，多与远山相对，如蟠龙山、伞盖山、玉台山、塔山等等；南向主街则多取锦屏山片断为底景。一些街道更以其朝向为名，强调其风水主题，如蟠龙街、屏江街(锦屏街)、笔向街。阆中古城四面有城墙环护，东、南、西、北各城门一道。除西门外，其余三门尚建有瓮城各一，瓮城门与城门错位；四座城门及三座瓮城，均建有轩昂的门楼。《阳宅会心集》云：“城门者，关系一方居民，不可不辨，总要以迎山接水为主”；因而，由于西门迎山接水较难，故其“如有月城(即瓮城)者，则以外门(瓮城门)收之；无月城者，则于城外，建一亭或做一阁，以收之”。阆中城唯有西门无瓮城即因如此。该门外筑有石坝、石匮、石鱼翅，建有匮阁、王爷庙、览胜山房、阆风亭，置有镇水铁犀、石犀等，显然是本于风水之说。这样，既改善了西门迎山接水之难，又构成了古阆中八景之“西津晚渡”“石匮凌云”。除西门外，阆中南、北、东城门外均有街巷，并且南门外和东门外庐舍毗连，烟火稠密，市肆喧闹，格外繁华。这些处置，皆因城池正对锦屏山，依风水之说，有意偏西以避免

「阆中古院」

「镇江楼」

江南锦屏山与英华山之间的“气口”直冲城市。这两山对峙所形成的气口，即古米仓道与金牛道之必经孔道，建置为南津关以扼守之；过关北渡，道路倚东城外而向北通往关中，再加上嘉陵江水路在此交会，因此形成阆中城东南的水陆通衢、商贾辐辏之势和生旺之气。为镇守东南“生方”之气，不仅城东门南偏、南门东渐，城楼轩朗高昂；城外东南隅临江北岸古道上、正对江南气口南津关，还建有雄伟华丽的华光楼(又称镇江楼，旧时称南楼)，形成阆中城一大胜景。

阆中市有220多处人文景观，其中国家级重点文物保护单位8处、省级文物保护单位22处。阆中文化的主体是以汉桓侯祠（张飞庙）为代表的三国文化，以云台观、大佛寺、永安寺、巴巴寺、福音堂、天主教堂为代表的宗教文化，以贡院为代表的科举文化，以巴渝舞、皮影、川北灯戏、亮花鞋、剪纸等艺术为代表的民俗文化，被誉为“多元文化和谐发展的典范”。其中，汉桓侯祠，俗称“张飞庙”，位于阆中市区西街。张飞（？—221年）字益德，涿郡(今河北涿州市)人，为三国时的蜀汉名将。东汉建安十九年，受刘备派遣，率军镇守阆中。221年7月从刘备攻吴，被部将所害，谥桓侯，葬于阆中。阆人于墓前立庙、建阁，以礼祀之。唐初，祠宇颓坏，阆州刺史崔善曾为其重饰祠宇；宋、明两代又有递修，现祠为明、清建筑，由山门、敌万楼、左右牌坊、大殿、两廊厢房、后殿、墓亭和张飞墓所组成。主体建筑沿南北向的中轴

「汉桓侯祠」

「巴巴寺」

线布局，占地10余亩。后殿有“汉张桓侯神道碑”，殿内有张飞及其子孙、部将塑像，另有张飞生平故事彩塑6组。祠中雕梁画栋，屋脊精美，有历代传存的张飞兵器“丈八蛇矛”和“点钢鞭”，另有历代名人所书的碑匾楹联30余幅。该祠现为全国重点文物保护单位。巴巴寺(又称“久照亭”)，位于阆中市区东1千米的蟠龙山麓，是一组具有伊斯兰教特色的古建筑群。清康熙二十三年(公元1684年)，穆罕默德29世裔孙、噶德勒耶教门大师祖华哲阿卜董那希随川北镇台大都督马子云来阆中传教；康熙二十八年(公元1689年)病故，当时年过百岁。其弟子祁静一为其造拱拜(墓葬)，并建寺为“久照亭”。全寺主要建筑有山门、照壁、牌坊、大殿、花庭、井亭、园林等，并配以砖雕、木雕装饰，工艺极精。大殿为头盔式屋顶，照壁的内墙全由砖仿木作斗拱，转角四朵斗拱出四跳，异常繁复，如一朵怒放之花。寺内存有历代碑匾、全卷《可兰经》、名人书画和稀世古瓷。庭内种植奇花异草，四时飘香；园林以竹、柏、桂组成。全寺占地30余亩，小巧玲珑。

山城雾都：重庆

重庆位于四川盆地东南部；市区为长江、嘉陵江环抱，形如半岛。城市依山而筑，高低起伏，素有“山城”之称。地属亚热带湿润气候区，夏季高温闷热，为“长江流域三大火炉”之一。市区云雾大，年雾日在100天以上，最

「重庆」

多可达200天，故又有“雾都”之称。由于重庆“会川蜀之众水，控瞿塘之上游”，历来被视为我国大西南的门户。重庆历史悠久，人类活动遗存可追溯到2万年前旧石器时代的铜梁文化。新石器时代，重庆人口有大的增加，在河岸阶地上形成许多聚落；考古发现，长江、嘉陵江重庆河段沿岸有新石器文化遗址和采集点50余处，收集新石器标本800余件，多为渔猎工具和农耕器具，表明当时的居民是以农耕兼渔猎为生。

春秋末期，原活动在江汉之间的巴人受楚国威逼，迁入今四川东部。首领巴子“都江州，或治垫江，或治平都，后治阆中”（《华阳国志·巴志》）。

江州即今重庆，为当时巴国都城。汉时，巴郡属益州，因其城靠近长江，便改为“江州”；当时，桑、麻、铜、铁、丹及珍果、贵木繁多，经济富庶，城市有较大发展。晋以后，随着历代政区变更，巴郡辖地日益缩小。刘谯纵据蜀时，正式建立巴州，“巴州”一名由此始。唐代，四川经济发展较快，较为繁盛，诗人李白、杜甫、白居易等均曾寓居川东或路经巴地，作诗以反映出唐代巴渝的繁盛。唐天宝之后，蜀中有段子璋、杨子琳之乱，经济遭到破坏。宋承五代，进入相对安定阶段，蜀中经济得到恢复发展。南宋孝宗之子光宗赵惇初在恭州为恭王，后继皇位，故于南宋淳熙十六年（公元1189年）升恭州为重庆府。“重庆”一名历经元、明、清，沿用至今。元末农民起义，明玉珍据蜀，立国号大夏，以重庆为国都。1371年，大夏降归明朝，明代恢复重庆府。清代在府上设道，重庆为川东道治所；清初屡次培修城池，基址未变。1840年鸦片战争

「朝天门」

后，重庆逐渐沦为半殖民地、半封建的城市。根据中英《烟台条约》及其《续约》，1891年3月重庆被辟为商埠，外资侵入，通商、行轮、开矿，兴办实业。国人奋起，力争挽回权利，民族工商业遂先后兴起。1927年，重庆成立市政厅，范围仅原府治旧城，后逐渐扩大。1929年，重庆正式成为省辖市，市区扩展至长江南岸及嘉陵江北岸，初步形成现代城市规模。1937年抗日战争爆发，国民政府迁渝，改重庆为陪都，政府机关、工厂、学校、商店纷纷迁来，重庆人口激增，城市规模再度扩大。1949年11月30日，重庆解放，成为西南军政机关所在地，仍为中央直辖市；1954年改为省辖市。1997年3月，重庆又升为中央直辖市。

抗日战争时期，中华民国政府定重庆为战时首都和永久陪都。1931年9月18日，日军公开发动了侵华的局部战争。随着日本对中国侵略事态的扩大，国民政府在1936年度的国防防卫计划中确立以四川为对日作战的总根据地，重庆行营成立江防要塞建筑委员会。1937年12月1日，国民政府开始在重庆办公。这样，重庆作为后方的第一大城市，从全面抗战一开始就成为事实上的陪都。随着国民政府、中国国民党中央党部、中国共产党代表团、国民参政会、国民政府军事委员会先后迁驻重庆，国民革命军陆军第八路军在重庆设立办事处，中共中央南方局也在重庆正式成立。这样，重庆不但成为最高当局所在之地，也成为国共两党保持联系之地，无疑成为全国的政治中心。1940年9月6日，国民政府正式确定重庆市为中华民国“永远陪都”。1946年5月5日，国民政府还都南京，重庆仍为陪都及行政院直辖市。八年抗战给重庆留下了数不胜数的陪都文化遗迹，大到国民政府及国民党中央各部门的办公地、各国驻华使领馆，小到各界名人的居住留连之地；既有实物的，也有文献记载及民间流传的。如中共南方局及八路军驻渝办事处等革命遗址主要位于红岩村；中共领导周恩来、董必武、叶剑英、邓颖超、秦邦宪等人工作和生活的遗址较为集中地分布于上清寺及附近地区，其中大部分是“红岩革命纪念馆”的重要组成部分，为全国重点文物保护单位，受到了较好的保护与保存；抗战遗址中的“六五”大隧道惨案遗址、抗建堂旧址、抗战胜利纪念碑(今解放碑)、跳

「解放碑」

伞塔、苏军烈士墓(今鹅岭公园内)等均保存完好；抗战时期的重庆，各界名人云集于此，留下了众多的生活、工作和居住地，被保存至今的多达几十处，有孔祥熙官邸“孔园”“二陈”别墅(南泉别墅和小泉别墅)、宋子文公馆、张治中私邸桂园、宋庆龄旧居、郭沫若故居、老舍故居、陈独秀旧居等等，均是陪都文化遗址的重要组成部分。

重庆境内群山环绕，江河纵横，山明水秀，景色宜人，名胜众多。现有国家级风景名胜区1个，省级风景名胜区4个，市级名胜区9个，如：素有“小峨眉”之称的缙云山、“山城花冠”的南山、林海无边的四面山、“石刻之乡“的大足、泉水喷涌的统景等等。山、水、林、峡、洞的有机结合，构成了重庆风景名胜区的自然景观。在秀丽的自然风光中，还孕育着丰富的人文景观；自然景观与人文景观的相互映衬使重庆风景名胜区的内容十分充实，且具有较高的观赏价值。缙云山，在重庆市北碚区内，距市中心约60千米，1979年成立缙云山自然保护区,1982年国务院公布缙云山为全国重点风景名胜区。缙云山东坡临嘉陵江，为悬崖峭壁；西坡平缓延伸，山势峻秀。该山有九峰，按山势景状得名，自东依次为朝日峰、香炉峰、狮子峰、聚云峰、猿啸峰、莲花峰、宝塔峰、玉尖峰、夕照峰等。九峰各有特色，莲花峰最高(海拔为884.5米)，狮子、香炉二峰最秀。狮子峰上有太虚台，是看日出的好地方，古称“缙岭云霞”，为“巴渝十二景”之一。缙云山是重庆及西南地区具有典型亚热带风光的常绿阔叶林区，植物品种繁多，仅次于峨眉山，有川东“小峨眉”之称。山中珍禽异兽甚多，仅鸟类即达百余种，另有珍贵的果子狸、黄猄、

「缙云山」

「南山风景区」

红狐等稀有品种。南山风景区，在重庆市长江南岸区，与市区隔长江相望，海拔680米，重峦叠嶂，林壑优美，苍松古木，经年长青，繁花异卉，四季不断，气温比市区低2～3℃，是重庆近郊旅游避暑胜地，1980年定为南山风景区。南山系涂山、黄山、汪山、南山放牛坪等地的总称，东起长江小三峡之一的铜锣峡口，西南至文峰塔，北临长江，森林面积达万余亩。涂山，又名“真武山”，是南山距渝中区最近的一个风景点，前临长江，东连汪山、黄山，海拔550米。据《华阳国志》记载，大禹娶妻于涂山，为治水三过其家门而不入，即指此地。早在汉、晋时期，涂山就有禹祠和涂后祠。唐代诗人白居易曾常游此地，并赋诗云：“野径行无伴，僧房宿有期。涂山来去熟，唯有马蹄知。”黄山海拔580米，因富商黄云陔曾在此建别墅而得名。这里，苍松翠柏，绿荫覆盖，盛夏与市区温差5～6℃,尤为清幽凉爽，是有名的避暑胜地，先后建有蒋介石官邸云岫楼、宋庆龄别墅松籁阁、孔祥熙别墅孔园、马歇尔故居草亭、美国军事顾问驻地莲青楼等，一幢幢典雅小楼，点缀于万绿丛中，景色绮丽。黄山因此而成为国民政府时政要务的决策中心。这些建筑至今保存完好，云岫楼、草亭等景点对外开放。汪山为南山风景区的中心景点，即南山公园。公园中心是清新静谧的梅桂园和白兰园，种植奇花异卉1000余种，群芳争艳，四时飘香，有“山城花冠”的美誉。大足，号称“石刻之乡”。全县有石刻40余处，造像5万多个，创建于晚唐，盛于两宋，是我国晚期石窟艺术珍品。其规模之宏伟，内容之丰富，造像之奇特，刻艺之精湛，实为国内所少有；1997年，大足石刻被列入《世界文化遗产名录》。摩崖造像以北山、宝顶山两处最为集中，规模最为宏大；其次是南山造像。北山摩崖造像在大足县城西北2千米的北山，唐末昌州刺史韦君靖于唐景福元年(公元892年)开凿佛像；后经五代到南宋的250余年间，石刻造像近万躯，分布在佛湾、白塔寺、营盘坡、观音坡、佛耳岩等处。其中，以佛湾最为著名。佛湾岩高约7米，长500余米，由南至北形若新月。每龛造像，可谓神形皆备，栩栩如生，呈现出感人的艺术魅力。北山摩崖造像是研究古代石刻艺术、宗教、历史、书法的宝库，现为全国重点文物保护单位。宝顶山摩崖造像在大足县城东北75千米的宝顶山(又名香山)上，现为全国重点文物保护单位。宝顶山山峦峻秀，岩谷幽深，海拔580米；风景幽丽，山清水秀，林木茂盛。宝顶造像开凿于宋，从南宋淳熙六年(公元1179年)至淳佑九年(公元1249年)，历时70年。石刻共分13处，造像逾万躯，尤以大、小佛湾规模最大。大佛湾形若马蹄，依崖开凿，全长500余米，分布在东、南、北三悬崖中部；整个造像气势磅礴，衔接紧凑，图文并茂，宛如一幅巨型连环壁画。小佛湾有造像60余躯，与大佛湾交相辉映。南山摩崖造像位于大足县城南2千米，有“南山翠屏”之称。造像始凿于南宋绍兴年间(公元1131—1162年)，以道教造像为主；造像共六龛窟，400余躯，碑碣5通，题记22条。南山造像吸收了佛教艺术的表现手法，是研究我国道教造像艺术的实物资料，为省级文物保护单位。

「摩崖造像」

郡邑浮前浦

岳阳市位于湖南省北部，洞庭湖与长江汇合处，它地绾湘鄂，水连长江，东环幕阜，西嵌洞庭，北通巫峡，南极潇湘，气候温和，湖山绝胜，风景优美，钟灵毓秀，自古即为商贾云集之所，人文荟萃之处，兵家必争之地。

湘西明珠：洪江

洪江古镇位于湖南省西南部雪峰山区，南与会同县毗连。洪江古镇历史悠久，人文景观和自然景观绚丽多彩，遗存十分丰富。自古是驿站、商埠，是烟火万家的巨镇，距今已有3000年文明历史。历史上以集散桐油、木材、鸦片、白腊而闻名于世。

洪江素有“七省通衢”“小重庆”“小南京”“湘西明珠”“西南大都会”之美称，是湘西南政治、军事、经济、宗教、文化的中心。

洪江古镇内保存的古建筑群堪称我国江南民居古建筑之经典、《清明上河图》的活版本，全国罕见。

洪江古镇位于沅江和巫水交汇处，临水而建，是湘西的一块瑰宝。它位于两江T字形交汇处的左边，三面环、一面靠山；整个古镇顺应地形，呈现出起伏跌宕的态势。T字的一横为沅江，一竖为巫水。沅江既可以把人们带到洞庭湖然后进入长江，也可以上溯直达云贵；而巫水又可以将人们带往附近的县市。四通八达的水运交通使洪江自古就是湘西南重要的驿站和繁华的商埠，湖南人吃的“洪江柚子”就是由会同、黔阳、溆浦各县属乡下集中到洪江来的。在沅水流域行驶，表现得富丽堂皇、气象不凡，可称为“巨无霸”的船只，应当数“洪江油船”。这种船多方头高尾，颜色鲜明，间或有一点金漆装饰，尾梢有舵楼，可以安置家眷。大船下行可载三四千桶桐油，上行可载两千件棉花或一票食盐。用橹手26～40人，用纤手30～60人；必待春水发后方上下行驶，路线系往返常

「古镇入口」

德和洪江。每年三、四月春水发后，洪江油船颜色鲜明，在摇橹歌呼中连翩下驶。洪江这样一个位于深山中的古镇，如果没有便利的交通条件，它只会寂静而落寞，而不会成为盛极一时的商贸集镇。水为洪江带来了财富和繁荣，汇聚财富竟然与汇聚江水一样，一如“洪江”这个名字，这就不难理解它会取一个与水有着莫大渊源的名字。也正是这一地理优势使得洪江在明末清初之时就成为一个商贸重镇；可以说，洪江是一个因水而兴而富的古镇。

洪江的富裕超出人们的想象，它的繁荣自然缘于商业。据记载，明清全盛时期，“寄命于商，全城3.76万人，经商者就有1.5万人”。当年，这里每天上演的都是财富的故事，流传着著名的三响：数银子的响声，码头上划篾片、包木材的响声和唱戏的响声。这些声响伴随着不夜不眠的古镇，成为每个人美好梦境的伴音。如今，谈及当年洪江商人经营的 木材、桐油、鸦片等生意和银元贸易，古镇里的老人们都记忆犹新，如数家珍。即使历经浩劫、褪尽铅华，通了火车、通了公路，商船停开了，豪商巨贾们走了，带走了钱财、带走了繁华，而他们交易、居留、欢乐的古镇中，一条条道路、一家家商号客栈、一家家宅院，都是他们留下的另类财富。古镇至今遗存2000余处古建筑，面积达10万余平方米，依稀可见其商贸重镇的大气。现存18家报馆、23个古钱庄、34所旧学堂、48个古戏台、50多家青楼、60余家旧烟馆、80余家客栈、380多栋窨子屋、上百个作坊、近千家店铺，银行、税务局、镖局、军服厂等样样俱全……似乎一切都没有改变。但与以往的喧嚣不同，古镇现在是沉默的。当然，它们也会说话，向每个想读懂它的人诉说其刻在街巷、建筑上的记忆。

洪江古镇坐落在水与山之间；整个古镇的街道有着水的韵律，时而平缓、时而跌宕。由于倚山而建，地势不平，街巷其实就像是一条又一条的绕着房屋的小溪，狭窄弯曲，有起有落，顺其自然，一会儿汇集在一起，一会儿又各自分散，根本不知道它们的尽头在哪。如果你逞强想弄懂它们的话，迷路很有可能就是你的收获。当然，在其中迷路，也未尝不是一件乐事；只有经历了迷路，才能更进一步地体会洪江古城的历史韵律。

古镇街道一般分为两种：平整、稍直且长的称之为街，沿山沟而建的叫做“冲”。冲、街之间因地势变化 所形成的走道称为“巷”。街巷密集交错，石阶遍布，狭窄弯曲；除正街外，长度最长的500余米，一般街道200～300米、宽2～4米，路面全用石板铺设，是典型的古代商镇建设模式。按照组成元素不同，街道空间的物质形态可分为有台阶（或叫旱码头）的街道空间、有过街走廊的街道空间、有过街走廊和台阶的街道空间、有街门的街道空间、平地街道空间以及穿越室内的街道空间等。街道界面青耳粉墙，雕梁画栋，古香古色，苔藓苍苍，充分印证了文献上所记载的三百多年前“七冲、八巷、九条街”的布局，可想而知行走在这样的街巷中，其趣味会多么的无穷。洪江的街巷都有不同的分工：有的街巷专营生活用品；有的街巷专门用来换取银两、兑换银票；有的街巷中满是烟馆，还有烟花柳巷等。功能分区的完整昭示了当时洪江的繁华程度。站在这样的街巷中，仍能想象出当时洪江的盛景；但一转身，当日繁茂的洪江早已不见，留下的是历史的沧桑和岁月的斑斑痕迹，不免让人黯然。青石板铺就的街道上，很多的历史痕迹隐藏其中，洪江曾经的辉煌也聚于其上。 蜿蜒、深邃的石阶码头宣示着古镇曾经的繁华；站在这头，仿佛还可以听见络绎不绝的商贩匆忙的脚步声。街道上随处可见的斑驳落魄的会馆、银行是讲述洪江历史最适合的人选，它们在静静地讲述着洪江的商镇文化。街道两旁冷落的店铺是洪江曾经繁盛过的最好证

「跌宕的巷道」

「镖局」

明，古朴的药铺、肃穆的镖局、破落的商行、凋敝的客栈都在平静地述说着它们往日的不凡。

洪江古镇的民居由灰白斑驳的墙壁、黑瓦铺就的屋顶、简单质朴的外立面、高耸入云的天际线等等元素组合而成，这些民居有一个特定的称呼“窨子屋”。窨子屋是洪江曾经繁荣的历史证明，还是外地商人结束漂泊行商之旅的产物。窨子屋大多建于明末清初，为斗拱造型，一色的青瓦灰墙，飞檐翘角；多顺应地形建造在街巷的两旁，往往随着山坡的走向展开布局。因有铁桶一般的高墙方方正正地围合着居住的空间，所以称之为“窨子屋”。窨子屋外围是徽派建筑高高的风火墙和小而少的窗户，里面则是按少数民族吊脚楼的形式建造的两层或三层的四合院子。窨子屋一楼可做商铺，二楼以上是仓库和住宅；房屋冬暖而夏凉。占地面积小，结构紧凑安全；正是当年洪江寸土寸金和有钱人讲求安全的写照。主要依靠中间的天井采光，主人一般住于顶层。老旧灰黑的窨子屋从外面看毫不起眼，但内部华丽奢侈，雕梁画梁，暗藏机关，其门楣、楹柱、照壁、窗格、家具均饰有游龙翔凤、云纹动物图案。这些古窨子屋建筑群一律按井字排列，错落有致，形成“七冲、八巷、九条街”的独特格局。古窨子屋群街巷内，青石板路和码头蜿蜒迂回、高深莫测，形成独特的建筑群街道界面与空间形态。

「窨子屋」

洪江是目前我国保护下来的最好的山地城镇。和湘西这片土地上的人一样，它有水的灵、有山的厚。俯瞰这座古镇，看似杂乱，却巧妙有序。它不会让你一眼就看透，会经常制造惊喜，高高低低地走，拐弯抹角地走；清晨和入夜漫步，任人消融在那些用民国时期积累起的财富建城的砖墙间的深巷石梯之间。这样的古镇是巨大的艺术品，是巨大的古玩，可以慢慢摩挲、慢慢把玩。要了解那个时代、那个地方真实的生活，只有走到普通的洪江百姓之中，避开虚华，放下沉重，才会重新找到平静，回到朴素和真实。

巴陵胜状：岳阳

岳阳市位于湖南省北部、洞庭湖与长江汇合处；它地绾湘鄂，水连长江，东环幕阜，西嵌洞庭，北通巫峡，南极潇湘，气候温和，湖山绝胜，风景优美，钟灵毓秀，自古即为商贾云集之所、人文荟萃之处、兵家必争之地。

岳阳人文深厚、风景秀丽，集名山、名水、名楼、名人、名文于一体，是中华文化重要的始源地之一，亦是海内外闻名的旅游胜地。

岳阳地区早在3000多年以前就有人居住。夏商为荆州之域、三苗之地。春秋属楚，亦为麋、罗二国地；战国时仍为楚地。周敬王时期在此修筑西麋城，为岳阳境内筑城之始。秦灭六国，推行郡县制，岳阳大部分地区隶属长沙郡罗县。西汉时，今岳阳、临湘及平江、湘阴、汨罗分属长沙国（由长沙郡改）下隽县和罗县，今华容县则属南郡古华容县和武陵郡孱陵县。东汉改长沙国为长沙郡，分罗县东部今平江一带建汉昌县。东汉建安十五年（公元210年），孙权将汉昌、下隽等县建为汉昌郡，郡治在今平江县金铺观；这是岳阳建郡之始。晋武帝太康元年（公元280年）建立巴陵县，这是岳阳建县之始。晋

「岳阳」

元康元年（公元291年），又分长沙郡北部的下隽、蒲圻、巴陵、吴昌四县置建昌郡，郡治设在巴陵。自此，岳阳又成为地区一级的首府治所。南朝刘宋元嘉十六年（公元439年）置巴陵郡，并修筑了郡城；这是岳阳称巴陵郡之始。隋文帝开皇年间废除郡，制改巴陵郡为岳州；隋炀帝大业年间又改岳州为郡。唐高祖武德四年（公元621年）仍改为州；唐天宝年间（公元742—755年）重修岳阳城。北宋时，岳州隶属荆湖北路，辖巴陵、平江、华容、沅江四县，治所仍在巴陵。明太祖洪武二年（公元1369年）改岳州路为岳州府，洪武三十年（公元1397年）将常德府所属的澧州（辖安乡、石门、慈利等县）改属岳州府。清代仍称岳州府；光绪二十五年（公元1899年），清政府开辟岳州为通商口岸，将原驻常德的岳常澧道移驻岳州。1913年废府存县，改巴陵县为岳阳县；1937年十二月湖南设立九个行政督察区（后增为十区），第一行政督察区驻岳阳。1949年7月20日岳阳解放，治称岳阳县，隶属长沙专区；1960年1月2日建立岳阳市，由县代管；1964年在湘北设立岳阳专区，岳阳为地区行政公署所在地；1975年10月24日恢复 建立岳阳市，县、市分治，由岳阳地区行政公署统一管辖；1981年10月12日撤销岳阳县，划归岳阳市管辖；1983年8月地、市分设，恢复岳阳县，岳阳市升为省辖市；1986年地、市合并，岳阳成为湘北政治、经济、文化中心。

岳阳位扼长江中游，是湘北门户、水陆交通枢纽，自古即为战略要地与军事要塞。春秋战国时期，相传长江上游的巴国（今之川东）与楚国交战，巴人曾在岳阳与楚军鏖战七昼夜，最后全军覆灭，合葬在这一方土地上；这也是岳阳古称“巴丘”、“巴陵”的由来。相传，春秋时楚庄王曾在此与斗越椒激战，亲自登台擂鼓督战；城陵矶的北面，至今还有“擂鼓墩”遗迹。东汉献帝建安十三年(公元208年)，曹操下江陵，以舟师追刘备至巴丘，在赤壁被孙刘联军打败而逃回北方。据清同治九年（公元1870年）滇南麻崇煊述、渊雅堂发行的《云程万里》记载：“巴陵山后，有周公瑾墓。”周瑜墓现在虽无迹可考，但周瑜爱妻小乔的墓确是有的，地址就在今岳阳市一中校园后面。自南北朝以至隋唐，各朝都以巴陵为水陆要

「小乔墓」

塞，巴陵兵事更加频繁。南朝萧梁时，河南王侯景为争夺帝位，于公元549年攻破梁都建康，次年率领大军沿江西进，准备夺取江陵。据守江陵的肃绎(后为梁元帝)闻知后，料敌必夺咽喉之地巴陵，即派大将王僧辩屯驻于此。南宋初年的杨幺起义，明末的李自成、张献忠起义，清初吴三桂叛乱，太平天国雄师北伐(曾三次攻占岳阳)，民国时期南、北军阀混战，抗日战争时期中、日两军对垒，岳阳均是兵营驻地和主攻目标。如今，这里的“擂鼓台”“炮台山”等名称，阅兵楼、点将台等旧址，古城楼的断瓦残垣,都是那些烽火硝烟岁月的见证。

由于山川壮美、物产富饶、舟楫便利、人杰地灵，所以，岳阳这片热土开化既早，教风尤炽。特别是屈原遭谗 而报国之心不改，其“上下求索”之志彪炳青史；范仲淹作记，其“先忧后乐”情重千秋，启迪了一代又一代后人，并形成以变革、重才、图强为内涵的巴陵文化，是岳阳不可多得的精神财富。左宗棠以63岁高龄率清军挺进新疆，采取“缓进急战”的策略，收复失地；公元1880年，又以69岁高龄抱病前往哈密，肃清受沙俄支持的阿古柏残部，收回伊宁；1884年中法战争时督办福建军务，力主抗击法国侵略；次年死，有《左文襄公全集》。任弼时在抗日战争和解放战争中参与中央重大决策，成为中共中央政治局、书记处和军委的主要领导之一(即“五大书记”之一)，为抗日战争、解放战争的胜利和新中国的诞生建立不可磨灭的功勋，被誉为“革命的骆驼”。

「人杰地灵岳阳城」

岳阳楼位于岳阳古城西门城墙之上，下瞰洞庭，前望君山，自古有

「岳阳楼」

“洞庭天下水，岳阳天下楼”之美誉，与武汉黄鹤楼、南昌滕王阁并称为“江南三大名楼”，1988年1月被国务院确定为全国重点文物保护单位。岳阳楼的前身相传为三国时期东吴大将鲁肃所建的阅军楼，迄今已有1700多年的历史。晋太康元年（公元280年），巴丘一带始建巴陵县，阅军楼随之改为巴陵城楼。南朝刘宋元嘉十六年（公元439年），巴陵废县改郡，扩建郡城的同时对巴陵城楼进行了重修，使这一简陋的军事设施开始变成供人游览的场所。岳阳楼拥有得天独厚的自然环境，这不仅表现在交通便捷之上，而且也由于楼址选择独具匠心，使楼身四周的 自然景观与人文景观千姿百态、交相辉映，更为古楼增添无穷的魅力。楼址位于巴丘山巅，楼身显得气势雄伟；它东倚金鹗、西濒洞庭， 游人凭栏东眺，古城全貌尽收眼底，令人叹为观止。岳阳楼的建筑艺术也是精巧、奇特的，全楼为“四柱、三层、飞檐、盔顶”结构。楼中4根朱红楠木金柱冲天而立，直贯楼顶，承受全楼大部分重力；再以12根大柱作为内围，支撑二楼。二楼四面环以明廊，翘首饰有祥云、瑞草和名花。三楼用状若蜂窝、玲珑剔透的“如意斗拱”层叠相衬，拱托楼顶。飞檐与楼顶均盖黄色琉璃筒瓦，飞檐尖端饰以龙、凤，昂首展翅，似欲腾空飞去。三楼盔顶曲线流畅，造型宛如古代武士的头盔；如此大型的盔顶，全楼未砌一块砖石，未用一口铁钉，全用木料构成，闩缝对榫，依次紧扣，互相咬接，套合规整，虽经历上百年的风吹雨打，除部分构件朽败外，尚未发现结构套合联结上的任何弊端。这证明古楼在美学、力学、建筑学、工艺学等方面均有惊人的成就，充分体现了我国劳动人民的高超智慧和创造才能。

唐代诗人刘禹锡在《望洞庭》一诗中写道：“湖光秋月两相和，潭面无风镜未磨。遥望洞庭山水翠，白银盘里一青螺。”诗中的“白银盘”是指八百里洞庭，而“青螺”就是巍然屹立于湖中的君山。君山位于岳阳市区西南12千米处，与岳阳楼遥相对望，总面积0.98平方千米，呈椭圆形。由于君山位于天水茫茫的洞庭湖中，云缭雾绕，忽隐忽现，由此产生了许多优美的神话传说。相传，远古时代本没有君山，后有一位名叫麻姑的仙女从昆仑山顶取

「夕照洞庭湖」

出一块巨石，托风吹落到洞庭湖中，这才有了君山。当然，君山美名远播，主要在于她那神奇、绚丽的自然景观。山上有72峰，峰峦盘结，沟壑回环；茂林修竹，覆盖成荫；一年四季，景色各不相同。君山又是一个美丽的绿洲，山上200余种林木，最大的金桂树已历300多年，至今仍枝繁叶茂；加上各色野生的花卉，真是终年碧翠，四季香飘。其中，尤以竹林和茶树最具特色。漫山遍野的君山竹连碧为云，形态万千，大的围盈碗口、小的有如丝草，高的挺拔参天、矮的伏地婆娑；有点点紫斑、酷似泪痕的斑竹，有棱角周正、气宇轩昂的方竹，有竹节凸突、状如罗汉的罗汉竹，还有紫竹、桂竹、花竹、龙竹、水竹、龟甲竹、梅花竹、圣音竹、连理竹等共计24种。最为游人钟爱的首推斑竹；斑竹又名“湘妃竹”，系刚竹的变形，为湖南的特产。名贯古今、香飘中外的君山茶也为君山增添了光彩。从五代始，君山茶即被定为贡茶。清乾隆皇帝游江南，在湖南品尝了君山出产的毛尖茶，赞不绝口。1956年莱比锡国际博览会上，君山银针茶以其色、味、香“三绝”一举夺魁，荣获金质奖，被誉为“金镶玉”。1971年10月，中国政府代表团首次在纽约出席联合国大会时，曾举行茶会招待各国代表团成员，喝的就是君山银针茶，受到与会外宾的高度赞扬。前来君山观光览胜的中外游人几乎都

「君山」

要喝上一杯银针茶，以饱口福；于是，君山又增添了一个“洞庭茶岛”的美名。

楚汉郡国：长沙

长沙别称“星城”，是湖南省省会，位于湖南省东部、湘江下游，富饶的湘中河谷平原。长沙全市土地面积11819平方千米，其中城区面积556平方千米。长沙市区依山傍水，其地势西南高、东北低，西边是海拔297米的岳麓山，东边有蜿蜒曲折的浏阳河、捞刀河向北注入湘江。长沙地属亚热带季风湿润气候区，雨量充沛，土质肥沃，素称“鱼米之乡”，自古即为中国“三大米市”之一，特产有湘绣(中国四大名绣之一，已有2000多年历史)、湘粉(面粉)、羽绒制品、湘莲、柑橘、湘菜(中国著名的八大地方菜系之一)、浏阳花炮等，是国家首批历史文化名城。

「长沙」

长沙北瞰洞庭、南依衡岳，人称“荆豫唇齿，黔粤咽喉”，自古即为兵家角逐、攻守兼备的军事要地。

早在4000多年前，长沙地区就有人类生息活动。春秋、战国时期，长沙为楚国的南部重镇，时称“青阳”。秦始皇统一中国后，将天下划分为36郡，设长沙郡。公元前202年，汉高祖刘邦改郡为国，长沙成为长沙国的都城。三国时，长沙为东吴孙坚发迹之地。西晋以后，长沙为郡、州、府、路、县治所。唐天宝年间曾改长沙为潭州，宋时长沙为潭州治所。北宋设岳麓书院，将长沙的文化和教育推向鼎盛时期。明又改为长沙府，清康熙三年（公元1664年）长沙成为湖南省治。1903年，根据《中日通商行船续约》第十款规定，开放长沙为通商口岸，长沙成为日、英、法等帝国主义进行文化、经 济、政治侵略的据点。1922年，长沙被定为湖南省会；1933年划出长沙县，设长沙市；1949年8月15日，长沙和平解放，长沙作为中华人民共和国主要创始人的毛泽东早期读书和从事革命活动的地方，被认为是“革命圣地”。

长沙是历史上人才荟萃的地方。位于岳麓山东麓的岳麓书院是我国宋代著名的“四大书院”之首。岳麓书院是我国古代汉族书院建筑，为岳麓山风景区重要观光点。北宋开宝九年（公元976年），潭州太守朱洞在僧人办学的基础上正式创立岳麓书院。嗣后，历经宋、

四大书院为湖南的岳麓书院，河南的嵩阳书院和应天书院以及江西庐山的白鹿书院。

元、明、清各代，至清末光绪二十九年（公元 1903 年）改为湖南高等学堂，尔后相继改为湖南高等师范学校、湖南工业专门学校，1926 年正式定名为湖南大学。历经千年，弦歌不绝，故世称“千年学府”。目前，岳麓书院格局基本保持不变，现存建筑多为清代所建。1982 年湖南大学对书院进行全面修整，1986 年正式对外开放，1989 年 1 月公布为第三批全国重点文物保护单位，现存主要遗迹有：讲堂、文昌阁、御书楼、自卑亭、六君子堂、崇道祠、濂溪祠、四箴言亭、湘水校经堂、十彝器堂、半学斋、教学斋、文庙、赫曦台等。现占地约 2 公顷，建筑面积为 7000 平方米。它以讲堂为中心，庭院、天井相结合，中轴有头门、赫曦台、大门、二门、讲堂、

「岳麓书院正门」

「岳麓书院建筑群」

御书楼。前部左、右有东、西两亭立于池中；中部左、右有斋舍各成廊院；后部左侧有湘水校经堂及碑廊、专祠等，后部右侧为泉轩园林及碑廊、北渔碑亭等。院左并列文庙，自成院落，有照壁、左右坊门、大成门、大成殿及两庑。整个书院建筑均为灰墙青瓦，琉璃脊饰，墨柱朱枋，栗色门窗装修，略施彩绘雕饰，表现出淡雅清新的格调；而文庙则为红墙黄瓦的官式特点，另成一格，形成鲜明对比，但又巧妙结合，融汇于绿色之中，更加丰富多彩。1984 年，湖南大学正式成立岳麓书院文化研究所，现已成为学术、文化交流的重要场所。

由于长沙是我国近代革命的重要策源地之一，因而以留有众多的近代革命史迹而更负盛名。黄兴墓在岳麓山高处，有公路直达墓下。墓建于高台基之上，有三层台阶、百余级踏步导入。墓碑为一整块四棱形的乳白色岩石琢成，全高约10米，上嵌铜铸“黄公克强之墓”碑文，护以铁石栏槛。黄兴（公元1874—1916年）原名轸，字廑午，号杞园，别字克强，湖南善化（今长沙）人，辛亥革命重要领导人之一，史有“孙黄”之称。1916年10月31日于上海病故，时年43岁；次年移柩长沙，国葬于岳麓，墓为全国重点文物保护单位。刘少奇故居位于宁乡县花明楼乡炭子冲。故居为土木结构，泥砖墙上粉饰着糠壳泥，屋面一半是小青瓦、一半是茅草；门前有清澈见底的池塘，屋后面是松涛阵阵的山峦。1898年11月24日，刘少奇诞生于此。1916年刘少奇离开家乡，去外地读书和进行革命活动；1961年5月，他回家乡调研时曾在故居居住一周。1980年，故居按原貌修葺，在当年的卧室、书房、开调查会的横堂屋内展出实物、照片资料数百件，现为全国重点文物保护单位。中共湘区委员会旧址在长沙市小吴门外清水塘22号，原是几间简朴的农舍，周围是菜圃、瓜棚、小径，非常僻静。1921年7月毛泽东和何叔衡出席中共“一大”，10月成立中共湖南支部。1922年5月前后建立中共湘区委员会，毛泽东任书记，区委机关设于此。1921年冬至1923年4月，毛泽东和杨开慧曾居住于此。1969年建有“中国共产党湘区委员会旧址陈列馆”。

「中共湘区委员会旧址陈列馆」

长沙有文字可考的历史长达3000多年，历代王朝都在这里设府置郡，留下了众多的名胜古迹，如：湘江东岸有贾谊故宅、韩玄墓、陶侃祠、开福寺、马王堆、唐窑遗址、天心阁，湘江西滨有岳麓书院、爱晚亭、朱(熹)张(轼)渡、古麓山寺、舍利塔、白鹤泉、禹王碑等等。古麓山寺古称“古鹿苑”，初名“慧光明寺”，位于岳麓山腰，创立于晋武帝泰始四年（公元268年），距今已有1700多年历史，是长沙最早的一所佛寺。明神宗时更名为“万寿寺”，后毁于兵火；清光绪年间重修；民国初年恢复“古麓山寺”名称。其前殿已于1944年被日机炸毁，尚留基础遗址以及前门和藏经阁。藏经阁前有两棵罗汉松，合称“松关”：一株相传为六朝所植，已有1000多年历史（又称“六朝松”）；另一株为明代补植。寺内有“玉泉”；寺后有冬夏不涸、清凉甘甜、号称“麓山第一芳润”的“白鹤泉”，现辟有白鹤泉茶室。寺外古枫参天，浓荫覆盖。麓山寺为岳麓山胜迹，有“汉魏最初名胜，湖湘第一道场”之称。天心阁在长沙市区东南角的城堞上，与岳麓山遥相对峙。阁高17.5米，用60根木柱支撑；阁建于何时已无考。天心阁可供游人登临，俯瞰全城、凝睇湘江，不但是长沙古城的一座城楼，更是目前长沙古

「麓山寺碑亭」

城仅存的城市标志。据记载，清咸丰二年（公元1853年），太平天国西王萧朝贵部在此歼灭清兵甚众，城垣几被攻破；但萧于此役被火炮击中而殉难。辛亥革命前夕，陈作新等常在此商讨光复计划。1930年，红军进攻长沙，彭德怀曾在这里召开会议、布置战斗。1950年后辟为天心公园，广植花木，兴修亭轩，成为长沙市区重要的风景点。1983年重修，既保持了主阁的原貌，又参照岳阳楼增建了两旁二层的辅阁，像鹏鸟的主体和两翼；三阁以通廊相连接，浑然一体，使矗立于32米高的雉堞之上的古阁更加壮观。橘子洲在湘江中，砥柱江心，四面环水，历史悠久，名闻遐迩。据宋《太平寰宇记》载，橘洲在长沙县西南2千米的江中，时有大水，诸洲皆没，唯橘洲独浮，上多美橘，故以为名。洲上建有水陆寺、拱极楼、江心楼等，潇湘八景之一的“江天暮雪”也在此洲，但寺、楼今已无存。毛泽东青年时代常和要好的同学在此游泳、漫步，锻炼身体，并于1925年秋在此填写《沁园春·长沙》词；又于1955—1959年间多次在此畅游湘江。橘子洲现已辟为公园，建有橘洲亭、廊，且广植橘树，游人络绎不绝。公园中央耸立一块巨型汉白玉纪念碑，碑上镌刻着毛泽东手书的“橘子洲头”四个大字和《沁园春》词碑；公园南部建有毛泽东大型雕塑。

「橘子洲」

楚文化发源地：江陵

「荆州」

江陵又称“荆州”，位于湖北省中部偏南、江汉平原西部，南临长江、北依汉水，因“以地临江”、“近州无高山，所有皆陵阜”而名江陵。夏、商时期，江陵属《禹贡》九州中荆州之地；春秋、战国时为楚域，是辉煌灿烂的楚文化发源地。由于其地理位置重要，自古即为历代王朝的郡治重镇和兵家必争之地。如今的荆州是湖北省区域性中心城市之一、国务院公布的首批 24 座中国历史文化名城之一，中国优秀旅游城市、国家园林城市、长江中游重要的港口城市、鄂中南中心城市、中国中南地区重要的工业生产基地和轻纺织基地，素有“长江经济带钢腰”之称。

荆州历史悠久；早在五六千年前，人类就在这里创造了大溪文化等原始文化。楚文王元年（公元前689年），楚国迁都于郢（今荆州市纪南城），都郢400余年。汉武帝元封五年（公元前106年），设立荆州刺史部；两汉时皆属南郡。三国时期，魏、蜀、吴三分荆州，荆州后归吴，定治南郡。晋永和八年（公元352年），荆州定治江陵。南北朝时，南齐和帝、南梁元帝、后梁萧铣皆以荆州为国都。明洪武九年（公元1376年）湖广行省改置湖广承宣布政使司，荆州府改属河南布政司；洪武二十四年（公元1391年）荆州府复属湖广布政使司。1932年为湖北省第七区行政督察专员公署，1936年改为湖北省第四行政督察区。1970年，荆州专区改称荆州地区，地区驻江陵县城即荆州古城。2004年末，全市辖2个市辖区、3个县，代管3个副地级市，全市国土面积14067平方千米，其中市区面积1558平方千米。

楚纪南城又称“纪郢”，在江陵城北5千米处，因在纪山之南，故名。自楚文王元年(公元前689年）“始都郢”至楚顷襄王二十一年（公元前278年）秦将白起拔郢，有二十代楚王在此建都，是楚国的政治、经济、文化中心，为当时南方第一大都会，被考古学家和史学家誉为“我国南方不可多得的完璧”。纪南城土筑城墙至今仍存，有的地段高达7.5米。城址近方形，东西长4.5千米，南北宽3.5千米，总面积近10平方千米。城墙内、外有护坡，城外还有40～80米宽的护城河。四周开城门8座，已发掘之西垣北段城门有3个门道，两侧还有类似门房的建筑遗迹；南垣及北垣古河道出口处，为水门两座。城内夯土建筑台基密集，有的高达6米，气势巍峨；在城内东南部发掘的东周时期的房屋墙基长60米、宽14米，规模较大，应为当时宫殿建筑的组成部分；此外，尚有烽火台、古河道、水门遗址等。登高远望，八岭、纪山、雨台、诗山由西迤北至东，岗峦起伏，毗连其上，佳木葱茏；东眺长湖，烟波浩渺，田畴碧翠，犹存昔年雄胜之概。楚纪南城规模之宏伟、历史之悠久、文物之珍贵、保存之完整，除秦长城外，国内现存其他春秋、战国时期的列国遗都均不能与之相比，因而被定为国家重点文物保护单位。荆州古城（即江陵县城）地处长江流域中游，镇巴蜀之险、据江湖之会，秦灭楚后成为历代封王置府的重镇。古城传为三国时蜀将关羽所筑，原为土城，南宋淳熙年间 始建砖城；元初拆除，明初又建，明末被张献忠拆毁。现有城墙为清顺治三年（公元1646年）依旧基重建，后多次维修； 城池保存完好。荆州古城城墙高近9米，厚约10米，周长9.3千米，东西长、南北短，呈不规则多边形；城墙、城门、敌台、堞垛等均保存完好，起伏曲折，状若游龙，气势雄伟，古色盎然。六座城门之上曾建有城楼，唯清道光十八年（公元1838年）重修之景龙楼尚存古朴之制，屹立于拱极门城头，重檐歇山式顶，高敞轩朗，巍峨壮观。登临眺望：城

「荆州古城墙」

内楼房鳞次栉比，松杉成林；城外护城河宛如玉带环绕，楼台倒影，岸柳轻拂，更富诗情画意。城墙下部为石砌墙脚，上砌大型城砖外壳，墙身内侧 填筑黄土，墙顶地面漫铺城砖，砖墙及墙脚均用石灰hh糯米浆嵌缝，十分坚固；虽水涨齐堞，人坐雉堞上浣衣濯足，而市内如常，堪称奇绝。

公元前106年，汉武帝将汉代疆域划为十三州，荆州的治所通常设在南郡的江陵。考古学家在江陵凤凰山发掘了数十座汉墓，出土了大量文物，使人们得以形象地看到两千多年前的西汉文明。西汉初期，由于实行休养生息的政策，采取了推广牛耕、使用铁农具、兴修水利和改进耕作技术的措施，社会、经济得以恢复和发展。凤凰汉墓出土的实物和简牍都生动地反映了当时农业生产的情况：当时使用的铁农具主要 有锄、锸、镫、耒等，农作物主要有稻、粟、麦、豆等。我国的炼钢技术大约始于春秋时期；江陵汉墓发现的一根缝针是目前所见年代最早的缝衣钢针，针长5.9厘米，最大径约0.05厘米。此外，首次发现的造型别致的汉初青铜虎子，以及东汉墓出土的一些铸有吉祥话语的铜镜，都说明其铜产品的制作技艺精良，并开始属于商品生产。江陵城湖泊星罗棋布，交通历来发达，从已发掘的4艘文景时期的木船明器可以看到当时造船、制车水平相当高。同时，便利的交通带来其商业的繁荣；江陵凤凰山10号汉墓出土的简牍中除有商贩契约与记录外，还有报表与账簿等。江陵汉墓初次发现的我国会计史上的这批珍贵资料表明，我国汉代的会计核算水平在世界会计史上处于领先地位。

「玄妙观」

江陵还有著名的“唐明三观”。其中元妙观原称“玄妙观”。唐开元中建，宋大中祥符三年（公元1010年）改名“天庆观”，元大德年间称玄妙观；明正 德八年（公元1513年）遭火灾，一度改为书院。清代为避康熙皇 帝玄烨讳，将“玄”改为“元”。观内现有建筑中前为玉皇阁，后为三天门和紫皇主殿。玉皇阁为明万历十二年（公元1584年）重建，位四角攒尖顶的三层楼阁，面阔与进深均为三间，平面呈正方形；重檐飞举，翠瓦丹墙，体态稳健，色彩和谐。紫皇主殿耸立于崇台之上，古朴雅致，巍峨庄严。观前有元至正三年（公元1343年）树立的《中兴路创建九老仙都宫记》石碑，记述"九老仙都宫"的营建始末，是不可多得的道教史资料。

开元观位于江陵城西门内，唐开元年间（公元713—741年）始建。相传，唐玄宗一日入梦，见一巨人说"吾欲出，建道场"；不久便接到荆州奏报，说是荆州城西的地里涌出一个铁天尊，故而玄宗下诏建观，后各代均曾修葺。观为南向，由山门、雷神殿、三清殿、祖师殿四部分组成。三清殿是其主要建筑，面阔五间、进深三间，顶为单檐歇山式，崇脊叠拱，玲珑秀丽。其后有祖师殿，耸立于崇台之上，翠瓦丹墙，雄浑壮观。观内现存元、明时期的碑刻，钟、炉以及大铁镬、石马槽等文物。门前立有明代石雕蹲狮一对，原为南城关帝庙前的遗物，刀法圆浑，镌镂精工，造型生动，态势威严。该观现为荆州市博物馆，著名的西汉男尸即陈列在此观的山门内。

「开元观」

荆州《竹枝词》云："好鬼成风上北邝，踏青载得早春忙，有时添上焚香客，不及城西赛武当。"这个"赛武当"就是荆州古城西门外太晖山上的太晖观。据记载，该观由明洪武二十六年（公元1393年）湘献王朱柏就宋、元时草殿原址所建，明崇祯八年（公元1635年）重修，清顺治、康熙、乾隆时皆曾修葺，

「太晖观」

飞楼涌殿，雄甲荆楚;现存建筑有金殿、配殿、阁亭等。其中，金殿屹立于高大平台之上，数里之外均能看见;其面阔进深各3间，长、宽各10米，重檐叠脊，顶覆铜瓦，每当骄阳映照，闪光夺目；前檐下浮雕石柱，云绕龙蟠，精致生动。台后清水一池，碧波涟漪，两岸垂柳成行，婀娜多姿，衬托得金殿益显巍峨、瑰丽。

钟聚祥瑞：钟祥

「钟祥夜景」

钟祥市位于湖北省中部，地处江汉平原。《史记·白起王翦列传》云：“白起攻楚……拔郢，烧夷陵，遂东至竟陵。”钟祥城内现存石城遗址及文风塔、元佑宫、阳春台和白雪楼等文物古迹。同时，作为明嘉靖皇帝生身父母的合葬墓，钟祥的明显陵是明代帝陵中规模最大的陵寝之一，现为全国重点文物保护单位。此外，在钟祥这方热土上，先后诞生了楚辞文学家宋玉、楚歌舞艺术家莫愁女和明世宗嘉靖皇帝，产生了千古名曲《阳春白雪》和楚辞《离骚》《风赋》等传世佳作。

竟陵为当时楚邑，即今之钟祥，因此钟祥在战国后期曾为楚国都城。

钟祥是楚文化的重要发祥地之一，有文字记载的历史长达2700多年。春秋时钟祥为楚别邑，系楚国陪都；战国后期为楚国都城。西汉初置县。三国时属吴，置牙门戍筑城，称为“石城”。自西晋至清末的1600多年间，钟祥一直为历代郡、州、府治所。因是明世宗嘉靖皇帝的故里，明世宗生养发迹于此，遂御赐县名为“钟祥”，取“钟聚祥瑞”之意。明嘉靖十年（公元1531年），御置承天府，是当时全国三大名府（顺天府——今北京、应天府——今南京、承天府——今钟祥）之一，盛极一时，曾是江汉、湖广的政治、经济、文化中心。建国后，县名仍为钟祥，属荆州行署管辖。1992年5月撤县设市。1996年12月2日，经国务院批准（国函[1996]111号），将荆州市管辖的钟祥划归荆门市代管。

「明显陵」

在我国，气势宏伟的北京明十三陵早已家喻户晓；殊不知，在湖北钟祥市也坐落着一座特殊的皇陵——明显陵。因其陵制建设丝毫不逊于十三陵，所以俗称“十五陵”(另一陵为朱元璋的南京明孝陵)。2000年，明显陵作为明、清皇家陵墓而被列入《世界文化遗产名录》。显陵位于钟祥市区东北7.5千米的纯德山上，占地约2747亩；四周围以朱色高墙，周长3.6千米。向陵区放眼望去，只见青山环抱、秀水绕行，未经修复的断壁残垣静静伏卧，主要建筑保存尚好。在严篙手书的汉白玉“官员人等至此下马”石碑之后，以青石铺就的1300米神道为主线，碑亭、华表，12对石象生，棂星门一路排开，前、后5道汉白玉栏杆桥拱架于九曲御河之上；后面两重大殿虽早在明末被毁，但尚存琉璃琼花、双龙壁及宫殿石基、石雕栏杆和璃首散水等，都具有较高的工艺水平。最后为茔城(也叫“宝城”)，围着两座高大土冢，分别为朱佑杬及其妻蒋氏的坟墓。茔城正前方城楼上竖墓碑一块，上书正楷大字“恭睿献皇帝之陵”。按照功能及所处自然环境，明显陵可分为保卫、朝祀、神灵三大区域。其中，朝祀区按“皇宫三朝”

「明显陵神道」

制度建有外罗、紫禁、内罗三城。宝顶的形制、独特的排水系统等，均体现了显陵在明陵中承上启下的作用。同时，一陵二宝城、内外明塘、九曲御河、龙形神道等，都是显陵区别于其他明陵的特别之处。此外，显陵的建筑也与周围环境十分协调，建筑掩映于山环水抱之中，相互映衬，如同“天设地造”。

「元佑宫」

元佑宫在钟祥市区南，建于明嘉靖二十八年（公元1549年）至三十七年（公元1558年）。占地约14000平方米，规模颇为宏伟。明末曾部分遭受兵火，清代屡有修葺。现存宫门、钟楼、鼓楼为明代建筑，红垣绿瓦，琉璃镶嵌，状极富丽。宫内的主体建筑万寿宫系清初就明代的元佑宫旧址重建，崇脊叠拱，彩饰绚丽，左、右是宣法、衍圣配殿。元佑宫前右侧有清同治四年（公元1865年）重建的延禧坊，原左侧还有保祚坊，全系木结构；宫门前面的琼花壁为明嘉靖年间遗物，正面及两侧全用琉璃分块烧成琼花、牡丹、卷草等纹样并拼砌而成，设计精密，布局严谨，花、蓓、茎、叶，疏密有致，色彩丰富，晶莹瑰丽，具有较高的艺术价值。

文风塔位于钟祥市区东1千米许的龙山上。唐广明元年（公元880年）创建，后毁；现存古塔系明洪武二十二年（公元1389年）到二十三年（公元1390年）重建，形制略具元代风格。塔由砖砌，圆形实心，由塔座、覆钵、相轮、宝盖和刹顶五个部分组成。塔身自下而上逐级递缩，呈二十一重圆环形；每重檐下都有类似斗拱的艺术装饰。宝盖系铜制，为三层车轮式的圆盘；刹顶亦为铜制，上嵌三个“元”字。塔通高26米，形若锥体，矫健矗立，风姿挺秀，直冲霄汉，蔚为奇观；时人谓，“邑中人文风之盛，盖由于此”。

南船北马：襄阳

襄阳位于湖北省西北部、汉江中游，为楚文化、汉文化、三国文化的发源地，已有2800多年历史，历为经济、军事要地，素有“华夏第一城池、铁打的襄阳、兵家必争之地”之称。市区跨汉江两岸，北岸为樊城，南岸为襄阳；两城城址自古迄今未有迁改，两城历史上都是军事与商业重镇。目前，襄阳市境辖3个城区（襄州、襄城、樊城）、3个县级市（枣阳、宜城、老河口）、3个县（南漳、保康、谷城）和3个开发区（国家级高新技术产业开发区、国家级经济技术开发区、鱼梁洲旅游经济开发区），总面积19700平方千米。

「襄阳」

襄阳历史悠久，文化底蕴深厚。春秋时期，襄阳为邓、卢、鄀、罗、鄾、谷、厉、随、唐等诸侯国之城；楚灭上述诸国后，设置县邑。西汉初年始建襄阳县，以县治位于襄水（今南渠）之阳而得名，辖汉水以南，中庐县以东、以北的地区。唐武德四年（公元621年）改郡为州；贞观初年置山南道，治所在襄阳城内，本县属山南道襄州；开元二十一年（公元733年）属山南东道（治所仍在襄阳城内）襄州（天宝时改州为郡，乾元时复称襄州）。时至北宋，属京西南路襄州；宣和元年（公元1119年）属京西南路襄阳府。南宋绍兴五年（公元1135年）“省邓城，入襄阳”，本县辖境遂扩展到汉水以北，仍属襄阳府。明洪武初年，属湖广行中书省襄阳府。洪武九年（公元1376年）属湖广承宣布政使司襄阳府。建国后，复以襄阳县之襄阳、樊城两镇组建襄樊市；2010年12月9日正式改为襄阳市（地级市）。

据《水经注·沔水》卷二十八记载:“(襄阳)城北枕沔水，襄阳县之故城也，王莽之相阳矣，楚之北津戍也，今大城西垒是也。”“沔水又经平鲁城南，鲁城，鲁宗之所筑也，故城得厥名矣，东对樊城。”襄阳之所以能在这里诞生并得以延续、不再迁改，是与其独有的地理位置和交通条件密切相关的。从地理位置看，襄阳地处南、北中国交接过渡地带，北近中华民族发源地黄河流域，南接江汉大平原；从交通条件看，襄阳位居南北交通要冲，自古即为南北经济、文化的交会点。汉至隋唐时期，从洛阳经襄阳到江陵的驿道是沟通南北政治、经济的大动脉，加上长江最大的支流汉江在此与唐白河汇合，襄阳就成了“南船北马”的汇集地。盛唐诗人张九龄曾写道:“江汉间，州以十数，而襄阳为大，旧多三辅之家，今则一都之会。”杜甫的诗句“即从巴峡穿巫峡，便下襄阳向洛阳”，均生动描述了襄阳七省通衢、交通便利的繁荣景象。

“控扼南北”的地理位置使襄阳成为历代兵家必争的军事重镇，帝王将相、农民起义和人民军队均曾在这块土地上谱写过金戈铁马的壮丽诗篇。刘秀最先起义就在襄阳一带；孙坚跨江击刘表时殒命于岘山脚下的凤林关；刘备马跃檀溪，马蹄印至今留在真武山北麓的青石上；关羽水淹七军，战绩就写在樊城北郊的罾口川；王聪儿率领白莲教众揭竿于襄阳东边的黄龙垱，留下了气壮山河的反抗之歌。1948年7月，人民解放军以迅雷不及掩耳之势攻克襄阳，生擒国民党军第十五绥靖区司令官、军统特务头子康泽，为刘邓大军渡江入川建立了战略基地。襄阳七省通衢的区位交通条件，在某种意义上为襄阳英雄荟萃、名士云集创造了有利条件；他们战斗在这片土地上，使名城倍增光辉。

「襄阳古城」

襄阳古城始筑于汉，改建于唐、宋，增修于明、清两代。城墙略呈方形，周长7.5千米，面积约2.5平方千米。城墙高约8.5米，宽10～15米；墙体为土夯筑，外表砌砖。城墙四面建有6座城门，东曰阳春门，南曰文昌门，西曰西成门，北曰临汉门、拱辰门，东北曰震华门;每座门外又建有屯兵及存放兵器用的瓮城(俗称“月城”)，城门上均建有城楼。城的东南角和西南角还建有三楼(仲宣楼、魁星楼、狮子楼)。北城墙濒临汉江，其余三面凿有宽180～250米的护城河，易守难攻，素有“铁打的襄阳”之称；在古代，它既是军事防御工事，又是抵御水患的堤防。古城西北角有一段著名城垣称为“夫人城”，是省级文物保护单位。东晋宁康初年，梁州刺史朱序镇守襄阳；378年春，前秦苻坚派其子苻丕率领步、骑兵17万，分兵四路，攻打襄阳。朱序之母韩夫人登城巡视，见西北角城垣防守薄弱，遂带领家婢和城中妇女于此筑起一道20余丈的新城以加强防卫。后此角果被攻破，幸赖新筑之城垣，方击退攻城之敌；襄阳百姓为纪念韩夫人的功德，即称此段城垣为“夫人城”。明初，在此扩建子城，长24.6米，宽23.4米，上嵌石匾，镌刻“夫人城”三字，下嵌古碑数通。古城虽经历代兵燹，但仍存明初旧制，现全城轮廓尚存，尤以北城垣最为完整；清代重修的小北门城楼仍耸立城头，重檐九脊、状极雄浑，近城街市、古貌犹存。登楼远眺，北有汉江滔滔，碧波萦带；南望岘山，岗峦连绵，城郭街市尽收眼底；西南楚山如屏，群峰列峙，一揽天然之胜。环护城河现已建成阳春门公园、襄阳公园，古迹与园林相结合，成为游览胜地。

「夫人城」

襄阳城西15千米的古隆中位于汉水以南的众山环抱之中，是我国三国时期著名的政治家、军事家诸葛亮隐居的地方。隆中因“有山隆然中起”而得名，而这突起的山就叫“隆山”。隆山北

「古隆中」

枕汉水，雄视荆襄，林泉幽邃，风景秀丽；诸葛亮在这里度过了他的青年时代。诸葛亮在隆中躬耕苦学，广结士林，胸怀大志，其学识才华逐渐为当地地主阶级中有远见卓识的人物所器重。公元207年冬，刘备带着关羽、张飞，冒着凛冽的寒风，三顾茅庐拜请诸葛亮出山。隆中的

诸葛亮在草庐中向刘备精辟地分析了当时的天下大势，提出了一整套被实践证明为正确的战略方针，这就是历史上有名的“隆中对”。

古建遗迹现存十二景:武侯祠、三顾堂、草庐、野云庵（卧龙深处）、抱膝亭、抱膝石、六角井、小虹桥、躬耕田、梁父岩、半月溪、老龙洞。隆中的各组建筑风格统一，平面皆为四合院，殿堂只带前廊，形制同民居；为木步架与硬山砖墙组合，不施斗拱飞檐，主要特色为山门中央必贴墙矗立高出屋面的砖雕牌坊。这种牌坊系仿木构架，风头墙尖除中央翘尖外，两角常飞出双龙或凤等，顶脊花饰繁衍，顶面只疏点人兽，龙吻轻巧，建筑风貌朴实，雅素而多彩，具有浓厚的地方风格，位列“襄阳十景”之首。

“海岳墨林”，是“襄阳十景”之一，在樊城西南角、柜子城上的米公祠内。米公祠是纪念米芾的祠宇，为省级文物保护单位；祠宇附近的柜子城、陈庄均为米芾后人世居之地。米芾，字元章，自号“海岳外史”“襄阳漫士”，世称“米襄阳”；又因米芾曾官居礼部员外郎，因礼部古称南宫，故人称米芾为“米南宫”。他擅长书画，是我国宋代著名的大书法家和画家，与苏轼、黄庭坚、蔡襄并称为“宋代四大书家”，而以米芾为著。此外，米芾通音律，为文必己出，善山水、人物画，创“米点山水”，自成一家。米家世居太原，后徙襄阳。米公祠址

「米公祠」

原是米氏故居，又名“米家庵”，明末被毁，清康熙二十二年于此得“米氏故里”残碑后始建此祠。现祠宇系清同治四年重建，前、后两重；祠内建筑古朴典雅，布局得体；园林衬以碑刻，相映生辉。此外，宝晋斋、仰高堂、洁亭、洗墨池等均已修葺一新，锦簇生香；国内、外书法艺术爱好者接踵而至，悉心观摩。

襄阳城东南隅的绿影壁因全用青绿色石料刻砌而成，故名之。明正统元年（公元1436元）襄王朱瞻墡自长沙徙封襄阳，大兴土木，营造宫室；此壁就是当年王府门前的照壁。明崇祯十四年（公元1641年），农民起义军张献忠破襄阳，杀襄忠王；王府尽毁，唯存此壁。该壁厚1.67米，全长24.935米（分三堵，中堵长12.135米，东、西堵各长6.4米），系仿木结构，顶为庑殿式，下有须弥座。须弥座带立柱、莲瓣，崖上壁身、柱架斗拱、飞檐额仿、瓦、脊、吻等皆如殿堂木构，全以青石(变质砂岩)间以汉白玉镶边，分块组成。中段墙身主题是“二龙戏珠”（珠已失，珠径约40厘米），有两条青龙在波涛中翻腾。东、西各雕一蛟龙出水，飞舞于“海水流云”之间。全壁共雕99条栩栩如生的青龙和白龙，底座和壁顶雕有各种花草、彩云、如意图案，花纹细腻，技艺独特。彩壁造型庄重，雕刻华美，风格豪放，生动雄伟，结构别致，在我国现存的彩壁中别具一格。绿影壁距今已有500多年，虽久经风雨侵蚀，但画面仍栩栩如生，其雕刻之巧、装配之精、形制之伟令人称奇，是我国石刻艺术中不可多得的珍品。

「绿影壁」

炎帝故里：随州

随州位于湖北省北部，是湖北省最年轻的地级市，也是国家历史文化名城。随州地处长江流域和淮河流域的交汇地带，东承中国中心城市武汉，西接省域副中心城市襄阳，北临信阳，南达荆门，素有“汉襄咽喉”、“鄂北明珠”之称。

随州以西周封国随为名，为其都城。春秋时期分属随、厉、唐三国；时至战国，由楚建立随县。秦属南阳郡，自唐以后为州治。建国后，随州属孝感专区，于1952年改属襄阳专区，经几次调整后于2000年成立随州地级市，市人民政府驻曾都区。

随州为神农故里。炎帝神农姓姜，母亲叫安登，在烈山（今随州厉山镇内）一个山洞里生下他。炎帝神农的主要功绩：一是教民种五谷，发明生产工具。五谷是稻、黍、稷、麦、菽；生产工具是耒耜，类似后代的犁。有了五谷和耒耙，便产生了原始的农业；二是普尝百草，始创医药。传说神农尝百草多次中毒，最终在今湖南炎陵县尝一种叫“断肠草”的毒药时中毒身亡；三是创立集市，发展贸易，产生了原始的商业；四是重视音乐，发明琴瑟，为中国的音乐发展作出了贡献。农历四月二十六日是炎帝诞生之日；每年的这一天，海内外炎黄子孙都要到厉山镇来祭祀，拜谒始祖。镇上的神农文化广场中间矗立着神农塑像，他上身赤裸，腰系树叶做成的围裙；强健的肌肉昭示着劳作的辛勤和生息的艰难，手持的禾穑是他教民稼的标识，也是由原始的渔猎采集进化为辟壤耕种的标识。神农纪念馆的花园中还有一座炎帝坐姿雕塑。这座雕塑

「神农雕像」

的画像后面还有一个感人的故事:有一位漂泊海外的华人，得知当地有一幅留传多年的炎帝神农画像，便毫不犹豫地倾其所有、将它买下，并嘱咐子孙把这一宝贵的祖先画像送回神农故里，这就是我们今天瞻仰到的炎帝坐姿雕塑的原图样。纪念馆的后山有传说中神农出生的洞穴“神农洞”。相传，牧羊女安登在烈山上放羊，累了就在这个山洞里休息，不知不觉睡着了，梦里一个自称龙子的英俊后生与她恩爱缠绵，由此怀孕；后来，就在这个山洞里生下了儿子“农”。现在，这个山洞旁有“神农殿”，殿里悬挂着海内外华人敬献的祭幛。

在鄂北，汉水之东、桐柏山与大洪山之间，是古代随国领土。境内涢水、溠水汇流处，沿溠水西岸横亘着一条丘陵，擂鼓墩——一个高数丈的土圆台就凸立在这里。相传，春秋时期楚庄王伐随，曾在此筑台擂鼓，指挥作战，因而得名。1978年5月11日，擂鼓墩突然沸腾了，原来这里发现了战国早朝曾国君主曾侯乙墓。曾侯乙墓营建于红砂岩岗顶上，凿石为穴，墓圹面积220平方米，深近20米。椁分4室，均以巨木镶隔。主棺分内、外两层，全为彩绘，外棺长3.2米，高2.19米。殉葬棺21具，除一棺只髹红漆外皆施彩绘，殉葬人多系13~25岁的青年女性。随葬物品有礼乐器、兵器、车马器、金玉器、漆木竹器及竹简达7000余件。出土文物中最引人注目的是124件古代乐器，有钟、磬、鼓、瑟、琴、笙箫、笛等，种类繁多，排列有序，宛如一间古代乐宫。尤其是其中一套拥有65件的编钟，设计精巧，铸造瑰丽，总重量达2500多千克。其中最大的角钟重203.6千克，最小的钮钟重2~4千克。出土时，分三层、八组悬挂在钟架上。其音域宽广，音色优美，古今乐曲均能演奏。这批反映我国古代科学、艺术成就的文化瑰宝，现收藏在湖北省博物馆编钟馆内。由于编钟是我国古代青铜文化的璀璨明珠，远从商代即成为历代统治者用作“礼乐”庆典的宫廷乐器，因此曾侯乙编钟的出土被誉为“世界第八大奇迹”。该

「曾侯乙墓编钟」

套乐器的生产时期距今已有2400年多年。

随州大洪山风景区横跨随州、钟祥、京山共二市、一县，总面积305平方千米。该风景区具有开发价值的景点共97处，有观赏价值的景观、景物34000多个，其景点性质为地质(溶洞)山石、植物、气象、瀑泉、河湖、人文等六大类，基本特点是山青林密，水秀洞奇，自然朴实，奥幽野趣，古朴宁静。娟秀的自然风光是大洪山的主体，境内动物、植物、山川、河流构成了大洪山良好的生态环境。整个大洪山景区的森林覆盖率在85%以上，是鄂中北的一块绿色宝库；其植物具有显著的南北过渡特征，落叶、阔叶树与常绿树交融，形成四季异色的自然风景，给人们以无尽的观赏兴趣。大洪山不仅有自然美，更有地质奇。这里，山峦起伏，悬岩峭壁，形成一处处雕镂百态的天然盆景。大洪山主峰高耸，海拔1055米，形成一山独秀的雄姿，有“楚北天空第一峰”之称，在峰顶观云海、看日出实为难得的眼福。大洪山地质的另一特点是喀斯特地貌发育异常，构成了景观奇特的溶洞群。从已装点的仙人洞、两王洞、筱泉洞来看，洞内幽深莫测，钟乳石千姿百态且色彩绚丽，形成诸多绝景，使人们流连忘返。山清水秀、河溪密布，是大洪山又一特点。境内河、湖、泉、瀑形成了静谧、妩媚的湖光山色，供人们观赏、游泳、泛舟，尽享其乐；加之周围环境优雅、植被茂密，更是一处消夏避暑的极佳之地。大洪山历史文化悠久，是我国佛教重要丛林之一。洪山寺自唐宝历年间兴起，唐文宗赐额为“幽济”、“灵济”，明思宗赐名为“楚天望刹”，至今还有明代圣谕石碑一块，宋、元、明、清石碑数块。洪山寺曾有殿堂百余间，僧侣达700多人，长年香火鼎盛，佛法远播日本、东南亚诸国。由于大洪山地势险要，历来是兵家屯兵首选之地。见于记载的就

「大洪山慈恩寺」

「洪山禅寺」

有五次农民起义在这里爆发，最著名的是西汉绿林起义、元末明玉珍起义、清代赵帮壁起义。大革命时期，李先念、陶铸、钱英、陈少敏等老一辈无产阶级革命家亦曾在这里留下足迹。抗日战争时期，景区内的熊氏祠是鄂豫边区抗敌工作委员会旧址，现仍留有房屋数间。由此可见，大洪山不仅有丰富的自然资源，也有宝贵的人文资源，它潜藏着观光游览、避暑赏雪、泛舟游泳、健身疗养、垂钓养性、科学考察、文化研究等多种功能。

江城：武汉

「武汉鸟瞰」

武汉是湖北省会，位于江汉平原东部、长江与汉水交汇处。武汉市区由隔江鼎立的武昌、汉口、汉阳三部分组成(俗称“武汉三镇”)，辖江岸、江汉、硚口、汉阳、武昌、青山、洪山、东西湖、汉南、蔡甸、江夏、新洲、黄陂13区；境内河道纵横交错，湖泊星罗棋布，号称“百湖之市”。由于武汉交通地位重要,向有“九省通衢”之称,自古为兵家必争之地。

> 由于唐代诗人李白曾有“黄鹤楼中吹玉笛，江城五月落梅花”的诗句，武汉又称“江城”。

武汉地处长江、汉水交汇处，古称“夏汭”：“夏”指夏水，“汭”

指夏水曲折入江之处。早在五六千年前的新石器时代，即有先民在这里繁衍生息，市内放鹰台、老人桥和市郊大量的古文化遗址即是先民们在新石器时代劳作、生息的地方。考古证明，武汉是江汉流域古老文化(屈家岭文化)的发祥地之一。武汉建城已有3500多年，是中国建城史最为悠久的城市之一。盘龙城遗址位于汉口北、天河机场南，距市中心不到10千米处。古城遗址面积近8公顷，四周尚有土筑城垣，城内东北隅有成片宫殿建筑遗址；古城中轴线上保存有较完整的墙基、柱础等。古城外分市民住地、作坊遗址和墓葬区，并发现有奴隶殉葬墓和大批精美的青铜器。盘龙城是商代早期在长江流域建立的军事据点(一说为方国故城)；该城市的形态完整、功能齐全，是迄今为止在长江流域发现的时间最早的古城(为我国时间第二早的商代古城)，也是武汉城市的起源。春秋、战国时期，武汉地属楚国；秦属南郡；西汉时属荆州江夏郡沙羡县。东汉末年，武汉逐渐成为地区性政治中心和军事堡垒。其中，汉阳筑城最早，东汉江夏太守黄祖吞并的却月城，为最早的汉阳古城。东汉建安十三年（公元208年）城被吴军攻破后，继任太守刘琦在鲁山（今龟山）筑鲁山城，不久被吴国作为江夏郡治。两晋南北朝时，汉阳先后属沙羡、汝南、沌阳等县。隋开皇十七年(公元597年)改沌阳县为汉津县，治所在鲁山城；隋大业二年(公元606年)改名汉阳县，汉阳之名自此始。自唐讫清，汉阳先后为沔州、汉阳军、汉阳府和历代汉阳县的治所。武昌有城，始于三国东吴黄武二年(公元223年)孙权在江夏山(今蛇山)筑夏口城，初为东吴江夏郡治所。晋代曾为荆州、沙羡县、江夏郡等治所。夏山(今蛇山)筑夏口城，初为东吴江夏郡治所。晋代曾为荆州、沙羡县、江夏郡等治所。自此以降，先后为南朝郢州、隋唐时鄂州和江夏县、宋鄂州路、元湖广行中书省与武昌路、明湖广承宣布政司、清湖广总督署及湖北藩臬各司署、明清武昌府及江夏县的治所、明楚王府所在地。元改鄂州路为武昌路，武昌始以此建制名由鄂州西移；明设武昌府，此城方渐有武昌之称。汉口成镇最晚。明成化年间(公元1465—1487年)汉水在郭茨口改道后汉口从汉阳出，明嘉靖间始置汉口镇，明末改设汉口巡检司，隶属于汉阳县。清初设仁义、礼智两巡司，置汉阳府同知驻此。清光绪二十四年(公元1898年)设立夏口厅，汉口始正式从汉阳分出，成为独立的行政区。1912年废府制，改江夏县为武昌县、夏口厅为夏口县，三镇始以同级建制鼎立。1926年国民革命军北伐攻克武汉后，设武昌市和汉口特别市，汉阳县曾先后隶于汉口、武昌二市。次年国民政府迁驻武汉，三镇合并，取三镇首字命名为武汉市，称“京兆区”。

「江汉关」

在近代，随着帝国主义对华侵略的加深，武汉也成为帝国主义垂涎目标。根据中英《天津条约》，汉口于1861年被辟为对外开放的商埠，同年设海关，名“江汉关”，负责督理华洋交涉事务和稽查来往船只及进出口货物、监督税务。1861—1898年，英、德、俄、法、日相继在汉口建立租界(即五国租界区)；同时，英、美、俄、法、日、德、意、比、丹、荷等国还设立了领事馆，将汉口沿江一带大片土地建成“国中之国”，成为帝国主义侵略华中地区的基地。汉口五国租界区的特点是：沿江设置，位置集中，面对长江，背靠京汉铁路，水陆交通便利。虽然五国租界的内部建设大多各自为政，但租界相互毗连，不得不考虑内外的交通联系。英租界开放较早，已形成城市地段的基本格局，导致其后四国租界区在总体上也统一布局：即沿江边开辟码头，设仓库与货场，便于水上运输与集散；辟沿江主干道并布置大型公共建筑；沿租界区的西侧(今中山大道)辟为商业街，内部的生活与办公区布置使馆、银行、洋行、教堂、医院、学校、饭店等公建及公馆、别墅、公寓等住宅。这样的布局避免了喧闹的商业街与大量人流、货流集散的码头区的影响，保证了租界区内部的安静，反映了近代城市功能分区的特点。在建筑空间处理上，租界区基本沿袭欧洲传统的古典主义手法：道路多采取尽端式布局，主要街道端部都有高大建筑作底景，着重显示建筑体量的高大与豪华。五国租界区的各国建筑大体反映了本国的文化背景和建筑艺术传统。

从武昌首义路南行，横穿紫阳路，在近津水闸处，丘陵上耸立着一座雄伟的城门，城头额横“起义门”三个大字。1911年（辛亥年）10月10日夜，在清武昌新军工程第八营营地，八营革命党总代表熊秉坤打响了起义的第一枪。这一枪揭开了震惊中外的武昌首义的序幕，点燃了埋葬中国历史上最后一个王朝——清王朝的烽火。经过一夜激战，清总督瑞澂穿墙弃城而逃。11日晚和12日清晨，汉阳、汉口的革命党人分别响应起义，武汉三镇全部为起义军掌握，起义获得成功。辛亥革命胜利后，为了纪念这次起义的历史功勋，把原中和门改名为“起义门”。1981年人民政府拨款重修起义门，“起义门”三字由叶剑英元帅题写。

「武昌起义军政府旧址」

在阅马场公园北边、蛇山南麓坐落着一座富有西欧古典风格的红色建筑物，人称“红楼”。红楼门前的红墙上刻着“武昌起义军政府旧址”九个金色大字，当年起义军的铁血十八星大旗即斜插在门楼两旁。红楼原是清政府于宣统元年（1909年）所建的“湖北咨议局”。武汉光复的当天，起义军领导人聚集在这里筹建新的革命政权（革命军政府），颁布第一号布告，宣布废除清朝帝制，建立中华民国，并通电号召全国各省起义。1981年人民政府在此建立“武昌起义军政府旧址纪念馆”，现为全国重点文物保护单位。红楼门前几米远，矗立着孙中山先生的全身铜像。武昌起义就是在他的民主主义革命思想的影响下，经过长期酝酿和准备而发动的。阅马场南部的园林中有一座赭红色大理石纪念碑，碑身正面

「孙中山铜像」

「拜将台」

刻有“拜将台”三个大字，下面刻有两行小字:“辛亥首义鄂军都督黎任黄兴为总司令在此授印。” 1911年11月3日上午8时半，黎元洪在军政府大门前搭台拜将，授“战时总司令”黄兴以武汉战守大权，故名“拜将台”。为使人们永远铭记首义先烈的革命精神，1981年10月10日（辛亥革命70周年纪念日）湖北省暨武汉市人民政府在蛇山南麓、红楼附近建成首义公园，并在公园里兴建“辛亥革命武昌首义纪念碑”；碑座正面刻有记叙辛亥革命历史的铭文。

闻名遐迩的黄鹤楼巍峙于蛇山之首，处长江、汉水交汇之处，其雄阁飞檐，金碧辉煌，出重霄、瞰急流，云蒸霞蔚，波唱浪吟，给武汉三镇平添无限风情。黄鹤楼历史可追溯到1700多年前的三国。东吴黄武二年(公元223年)，出于军事上的需要，雄踞长江中、下游的东吴孙权在长江南岸的武昌黄鹤矶上建筑了一座瞭楼,这就是最早的黄鹤楼。后来，黄鹤楼在军事上的意义逐渐消失，而成了人们登临览胜的地方。嗣后历代屡毁屡建，黄鹤楼的名声也越来越大，终与湖南的岳阳楼、江西的滕王阁并称为“江南三大名楼”。千百年来，关于黄鹤楼流传着许许多多的神奇传说，如王子安在此乘黄鹤飞去，费祎驾鹤登仙；但要以辛氏酒店的故事最为动人。相传，黄鹤矶头有一家姓辛的小酒店。有一老道常来饮酒，不付钱便扬长而去；酒店主人毫不计较，始终以礼相待。一天，老道喝完酒，说:“每日饮酒，无以为酬，幸有一鹤可借，聊表谢意。”说

「黄鹤楼」

罢，拾起一块橘子皮，在墙上画了一只黄鹤。辛氏按老道的嘱咐，拍手一试，黄鹤竟然从墙上跃下，应节起舞。从此，辛氏酒店顾客盈门，生意兴隆。十年后，老道云游归来，拿出铁笛吹奏一曲，然后跨上黄鹤飞向遥远的天际。富裕起来的辛氏为了感激老道的恩情，便在黄鹤矶上修建了黄鹤楼。三楚胜境、千古名楼吸引了无数文人志士选胜登临，感今怀古、述志抒情，留下题咏黄鹤楼的名诗千首、雄文百篇。其中以唐代诗人崔颢的七言律诗最为人传颂："昔人已乘黄鹤去，此地空余黄鹤楼。黄鹤一去不复返，白云千载空悠悠。晴川历历汉阳树，芳草萋萋鹦鹉洲。日暮乡关何处是？烟波江上使人愁。"后世重修的黄鹤楼代有创新，各具神韵:宋、元楼风格隽永，明楼被誉为"全楚胜览"，清楼则"遥看缥缈接蜃楼，近睇峥嵘叠霞绮"。最后一座古黄鹤楼毁于1884年的一场大火，从此重建黄鹤楼成为近百年武汉民众的愿望。1957年9月，毛泽东视察武汉长江大桥时曾明确表示，黄鹤楼是历史文物，应该修。这一愿望终于在20世纪80年代得以实现。1981年7月，重建黄鹤楼工程破土动工；经4年努力，一座钢筋混凝土仿木结构的塔式楼阁已耸立在蛇山之巅、长江之滨。

江南昌盛之地：南昌

「南昌鸟瞰」

南昌位于长江支流赣江下游、鄱阳湖西南岸，是我国南方的古老城市和江西省会。赣江在南昌城区西侧蜿蜒流过，注入鄱阳湖。城区气候温湿，夏季气温高，有"火炉"之称。由于南昌襟江带湖，有赣江南达赣南重镇赣州、北通鄱阳湖而入长江，水陆交通方便，因而是从中原到南粤的咽喉和兵家必争之地。有着2200多年建城史的南昌因"南方繁荣昌盛”而得名，一直是府、州、省、道治所。1927年“八一”起义，在此诞生中国共产党第一支独立领导的人民军队，是著名的革命英雄城市，被誉为“军旗升起的地方”。

南昌历史悠久。在距今5000多年前，南昌地区就出现了原始村落。商、周时期，南昌属扬州之域。春秋、战国时期，南昌地属楚国，今南昌市四周均有楚文物出土。秦统一六国后，归九江郡，其时尚无城池。汉高祖五年(公元202年)，刘邦命颍阴侯灌婴率兵进驻南昌，置豫章郡和南昌县。隋时曾改豫章郡为洪州总督府(洪州得名于城郊名胜“洪崖丹井”)。唐武德五年(公元622年)又称“洪州”。武则天垂拱元年(公元685年)和唐宪宗元和四年(公元809年)，洪州城两度扩建，周围达10余千米，比汉时城池大了一倍多，为当时江南一大都会；王勃在《滕王阁序》中对此有生动描写。现在的南昌城就是在唐城的基础上发展起来的。宋代洪州城在唐城基础上扩展了近一倍，共设城门16座。元南昌城基本因循宋城，无大变化。明初，南昌称“洪都府”；不久又改称“南昌府”，对城市也进行了改造。清初，仍袭明制，称“南昌府”。1927年8月1日，中国共产党在此领导和组织了“八一”南昌起义，谱写了南昌城市历史上的光辉篇章。1938年1月6日，新四军军部在南昌成立，以南昌为中心的南方各省抗日运动迅速高涨。1949年5月22日，南昌解放。

南昌盛名，主要有两个因素：一是“滕王阁”，二是“八一南昌起义”。滕王阁坐落在南昌城北赣江与抚河故道交汇处、章江门和广润门之间，传说为唐永徽三年(公元653年)由唐高祖的儿子、唐太宗李世民之弟李元婴所建；因为元婴任洪州都督、出守南昌时封为滕王，所以以他的封号为阁名，叫“滕王阁”。滕王阁一直与岳阳

「滕王阁夜景」

楼、黄鹤楼并列为“江南三大名楼”。提起滕王阁，人们自然会联想到初唐“四杰”之一的王勃及他所写的骈体文名篇《滕王阁序》。据记载，滕王阁原有规模很大，高五丈，共三层，曾被誉为“西江第一楼”。但该阁自唐永徽三年至显庆四年(公元653—659年)创建以来的1300多年间，几经兴废，先后重建和重修达28次之多。1926年，国民革命军围攻盘踞南昌的北洋军阀邓琢如时，该阁又被邓放火烧毁。1985年，始重建滕王阁。重建的滕王阁采用宋代设计式样，背城临江，有瑰伟绝特之气势；主阁高57.5米，共9层(明三层、暗九层)；琉璃绿瓦，鎏金重檐，雕花屏阁，朱漆廊柱，古朴高雅，蔚为壮观。

1927年春夏，由于国民党右派叛变，第一次国内革命战争惨遭失败；中国共产党为了挽救革命，于8月1日凌晨举行了中国近代史上具有伟大历史意义的南昌起义，打响了武装反抗国民党反动派的第一枪，标志着中国共产党独立领导武装斗争和创立革命军队的新时期的开始，并在南昌市留下了众多的革命纪念建筑。如“八一”南昌起义总指挥部旧址，在南昌市区中山路256号，原为江西大旅社；大楼外观呈银灰色，主楼为4层，是一栋中西合壁的建筑。1927年7月下旬，准备参加“八一”南昌起义的部队从九江来南昌后包租了整个旅社，作为起义的总指挥部；领导南昌起义的中共前敌委员会在旅社一楼喜庆厅成立。8月1日清晨，起义战斗结束后，旅社的天井和院子里堆放了许多战利品。为纪念“八一”南昌起义这一重大历史事件，1959年10月1日，“八一”南昌起义纪念馆正式对外开放；现为全国重点文物保护单位。又如朱德旧居，在南昌市区花园角2号，原是一幢两层砖木结构的传统民居。旧居坐西朝东，老式青砖外墙，门口上方为雕花雨檐，有前、后两个天井。1926年12月，朱德受党的委派来到南昌，包租了这栋民居，利用国共合作形势，做了大量的革

「南昌起义纪念馆」

命工作。1927年4月初，北伐军总政治部副主任郭沫若住在这所住宅的楼上，写下了《请看今日之蒋介石》的讨蒋檄文和《告前方将士书》。1927年7月下旬，周恩来到达南昌当天就住在这里，周恩来、朱德在厅堂里亲切交谈，缜密地研究了“八一”南昌起义的计划和部署。建国后，旧址几经修缮，保持了原貌，且恢复了朱德的卧室与周恩来下榻的厅堂的布置；现为全国重点文物保护单位。

「洪崖丹井」

位于南昌市湾里伏龙山中的洪崖丹井是“豫章十景”之一。一条山涧自北(乌晶山)蜿蜒下注，两边崖壁陡峭，至洪崖形成渊潭，深不可测，长年不涸。相传，黄帝之臣伶伦即“洪崖先生”在涧中凿井5口，捣药炼丹，成仙而去。自晋以后，前来游观的名人学士极多，题咏甚富，其中南朝谢庄《游豫章西观洪崖井》一诗堪称名篇。唐代张九龄的《登城楼望西山作》中有“仙井今犹在，洪崖久不还”的诗句。现洪崖石壁上仍保存有自宋至清的摩崖石刻多处，现为省级文物保护单位。

位于南昌市东湖百花洲的东小洲之上的苏圃又称“苏公圃”，为宋代名士苏云卿隐居之地，有清代所筑苏堤通冠鳌亭，绿水环萦，四序有花，风光香丽，是市中心的览胜之地，历代颂美之辞颇多。正如清代熊洪《苏圃香蔬》诗云:“学圃前贤事，因君圃得名。一锄烟雨适，双履水云轻。宋代园林禁，张书天上情。凿坯兼抱瓮，无可著先生。”苏圃春晓现也为“豫章十景”之一。

「青云谱」

位于南昌南定山桥附近的青云谱又名“八大山人故居”，是一处历史悠久、环境清幽的道院。现有建筑保持清光绪年间(公元1875-1908年)的原貌。屋宇布局以关帝殿、吕祖殿、许祖殿为主体，三殿依次递进，曲廊相通。关帝殿两边为内室，左为鹤巢，右为黍居(朱耷住所)。院墙门上悬“青云谱”石匾，门后牌坊上刻“净明真境”四字。院内有明代栽植的古树和绿荫蔽日的竹林，八大山人和牛石慧(即朱耷之弟朱秋月)的墓地隐在林木之中。青云谱自然环境幽静秀丽，原有内、外十景，素有“南昌名胜，首推青云谱”之誉，现为省级文物保护单位。

东方瓷都：景德镇

景德镇位于江西省东北部，赣、皖、浙三省交界处，为赣东北重要门户，古有“昌江通衢”之称，现为江西重要的工业城市，以生产瓷器为主，素称“瓷都”，以丰富的陶瓷历史遗产和精美的陶瓷艺术制品蜚声中外。

景德镇地处“五山、两湖”即（黄山、庐山、九华山、龙虎山、三清山以及鄱阳湖、千岛湖）的中心，市区东、西、北三面多低山，东南部丘陵起伏，是一座群山环抱的江南山城。市内有著名的昌江穿城而过，轻舟往来，风墙蔽日，是景德镇赖以生存和发展的有利条件。景德镇东晋时设镇，由于位于昌江之南，始名“昌南镇”;后因东晋陶侃“擒江东寇”于此，更名为“新平镇”。唐武德四年(公元621年)置新平县，唐开元四年(公元716年)改新昌县，唐天宝元年(公元742年)更名“浮梁县”。北宋景德年间(公元1004—1007年)宋真宗赵恒专门命人在此烧制御器，质地精良，闻名于世。由于瓷器上书有“建年景德”字样，遂改称为“景德镇”，并治用至今。元代升为浮梁洲，属饶州路。明初为浮梁县。清以来属县辖镇。1949年由浮梁县析置，1953年升为省辖市。1960年浮梁县并入。1983年上饶地区的东平县并入，成为地级市和甲类对外开放城市。

「景德镇磁窑」

景德镇瓷器生产历史悠久。汉代始有制陶；南北朝已有制瓷业；宋景德年间监造瓷器充贡品，是我国当时重要的产瓷区，共有瓷窑300余座。元代成为全国制瓷技艺最高的窑场；明、清时设御厂，成为全国的瓷业中心，与广东的佛山镇、湖北的汉口镇、河南的朱仙镇齐名，合称我国古代“四大名镇”。现在，景德镇生产的瓷器超过千种，既有别具一格的艺术瓷，也有赏用结合的家用瓷；其中，以青花瓷、玲珑瓷、粉彩瓷和薄胎瓷最为出类拔萃，号称“四大传统名瓷”。青花瓷，是景德镇传统名贵陶瓷品种之一，早在元、明、清即达到较高造诣。它用一种纯净的青料，在瓷胎上描绘纹样，然后覆盖一层透明白釉或淡青釉，经过1300℃高温的一次烧成，具有色白花青、纹饰优美的艺术风格。玲珑瓷，晶莹璀璨，造型清雅，既有青花装饰技术的特点，又有镂雕艺术的手法。通常，先在素坯上雕镂各种精巧的“玲珑眼”，再绘上青花纹样，两者揉合一起，然后上釉烧成，制造出深受国内外市场欢迎的产品；欧洲人称它为“嵌玻璃瓷器”，日本人称为“萤火虫”。粉彩瓷，源于“唐三彩”；到明成化年间，又在三彩（黄、绿、青）三色的基础上加红、蓝颜色，发展为“成化五彩”，也叫“大明彩”。到清康熙年间，粉彩瓷进入鼎盛时期，出现了融汇古彩瓷特色的“康熙彩”。现在的粉彩瓷就是在康熙五彩的基础上发展起来的，以色彩丰富、画工细腻而蜚声中外。现在的粉彩瓷不仅有单件的高白釉瓷、薄胎瓷、皮灯等艺术品，而且还有配套的餐具、茶具、酒具和咖啡具等；既有微型的鼻烟壶，也有长10米以上的大型壁画。薄胎瓷，源于宋代的影青瓷，到明代开始生产；这种瓷器薄得像蛋壳，在薄而透明的瓷胎上绘有各种花纹、图案，造型美观大方，被誉为“神奇珍品”。

「青花瓷」

「玲珑瓷」

景德镇因产瓷器而驰名世界，且历史悠久，自然也留下了众多的古瓷窑遗址。湖田古瓷窑址，在景德镇市郊湖田村，面积约40公顷。其窑业兴起于五代，经宋、元至明中叶结束，历时600余年。五代的产品以釉器为最精；宋代产品以影青刻、印花器物为主，造型秀丽，纹饰精美；元代以黑、黄枢府器为多。此窑址反映了景德镇近7个世纪的制瓷技艺及生产规模的发展过程，为景德镇众多古瓷窑遗址中最重要的一处，现为全国重点文物保护单位。南市街古瓷窑遗址，位于景德镇柳家湾以西1千米处的南市街，遗物上溯五代、下至元初。产品器型精巧、釉水晶莹，多有精美的刻画花或印花，影青瓷雕生动、别致；装烧形式有支钉迭烧、匣钵仰烧和支圈复烧等多种，是景德镇市境内仅次于湖田窑的生产规模较大、时间较长、产品较精的五代至元初的古瓷窑遗址。黄泥头古瓷窑遗址，在景德镇市东7.5千米的黄泥头小学后山，遗物堆积范围约5000平方米，分东、西两堆，高十数米：西堆以五代遗物为主，产品有灰胎青釉器和白胎白釉器两种，碗、盏以支钉重合迭烧，壶为瓜棱式；东堆以北宋遗物为主，产品为影青窑，取一器一匣的仰烧法。此遗址丰富集中，保存完好，是五代至北宋时期最有代表性的景德镇古窑址。

「粉彩瓷」

景德镇不仅能生产“白如玉，明如镜，薄如纸，声如磬”的瓷器，而且，这里的瓷土蕴藏也极为丰富，山上、山下，几乎到处都有瓷土，且土质细腻、颜色洁白。位于景德镇市区东北50千米、崇山峻岭之中的鹅湖乡高岭村就是景德镇取之不尽、用之不竭的著名瓷用原料产地，也是世界制瓷粘土(高岭土)的命名地，素有“瓷土之乡”或“高岭土故乡”之称。遗迹分布在高岭村前的水口亭与高岭山两地。水口亭保存有明万历年间、清雍正年间的石碑数块。高岭山麓的东埠村民居墙上嵌有清乾隆年间的石碑一方，记载了清代转运瓷土的情况；沿着当年矿工挑运瓷土的足迹，越过山顶，可见明、清两代开采过的高岭土矿井，古码头、古道与淘洗的水池及工棚、尾砂堆积等遗址。该遗迹现为省级文物保护单位。

为了抢救、保护古陶瓷技艺和设施遗存、古代手工作坊以及优秀的明、清民间建筑，自1980年起，景德镇市开始创建古陶瓷博览区，现已投产使用并对外开放，使博览区成为景德镇历史文化名城中一组历史性的、文物性的、景观性的优美建筑群。博览区总用地80公顷，位于距市中心仅7千米的盘龙岗；这里，风景秀丽，林森茂密，环境幽静。博览区由东、中、西三部分组成，区内古建筑严格按照“整旧如旧”的原则搬迁复原。东翼古窑由八字门楼、博雅园接待厅、风火仙庙堂、多组制瓷古坯房与古窑房、陶人画坊以及生产辅助用房组成，其中古窑专门生产仿古瓷。在这里，人们不仅可以看到罕见的古代工业建筑实例，同时也可以看到古陶瓷生产的传统手工技艺，是一座反映景德镇陶瓷历史的活的博物馆。西翼明清建筑群由迁建、复原的景德镇典型的明清两代宗祠、庄湾大夫第、书院、庄园主和富商住宅、农舍、村镇商店等组成“明间”“清园”两组建筑群，作为民俗陈列、陶瓷专题展览、旅游接待之用，已对外开放；其中，明间的七栋不同类型的明代建筑极有价值。中部的陶瓷历史综合展览馆以一座具有民族传统、地方风格并使用现代先进设备的多功能展览馆为中心组成，包括商店、戏台、钟鼓楼的“市街”，以再现15—16世纪景德镇的一隅。博览区的建设结合地形，依山就势，将人文景观和自然景观融为一体，既保持明清时期小街狭巷布局，又安排若干大面积的过渡空间与绿化空间，以集散人流；在建筑群体布局上，构成众多不尽相同的空间和吸引游人的小庭园，充满着浓郁的乡土村里气息而少有现代人工雕琢痕迹。景德镇古陶瓷博览区开创了我国首次集古陶瓷科研、仿古瓷生产、古陶瓷文

「陶瓷博览区」

化遗存实物史料展览，以及古代乡土建筑和古陶瓷手工作坊迁建、复原、保护等多种功能为一体的新型博物馆的先例。

瓷源茶乡林海：瑶里

瑶里镇位于江西省景德镇市浮梁县，地处皖、赣两省、四县（安徽的祁门、休宁，江西的婺源、浮梁）交界处，距景德镇市区50千米。瑶里地属黄山余脉，境内山高林密、峡谷纵横，旅游资源十分丰富，素有“瓷之源、茶之乡、林之海”的美称，山水、人文俱美，原始、古朴、清静。瑶里于2001年被列为省级自然保护区，同年又被批准为省级风景名胜区，2003年被评为江西省首批历史文化名镇，2005年一举获得中国历史文化名镇、高岭国家矿山公园、中国自然与文化双遗产名录、国家重点风景名胜区、国家4A级景区、国家森林公园等六块国家级品牌。

「瑶里」

瑶里的得名史就是瑶里古镇的发展史。瑶里，古称“窑里”，是烧窑之地。唐中叶，瑶里境内已有生产陶瓷的手工作坊。宋、元、明三朝，瑶里陶瓷业发展到鼎盛。但随着附近景德镇官窑的不断兴盛，瑶里制瓷业逐步走向衰退，于是“窑”就被改成了“瑶”。“瑶”的本意是美玉，而这里曾烧造出洁白如玉的瓷器；“瑶”也喻意风景之美，如同瑶池仙境，而瑶里因为风光之美而名副其实。从生态环境来看，瑶里并不愧于“瑶”这个寓意美好的字眼，电影《闪闪的红星》便为我们展现出这样的场景：“小小竹排江中游，巍巍青山两岸走”。这就是古镇生态环境的真实写照。瑶里选址于“两山一水”之间，风景秀丽，景色迷人；其南朝象山，北靠狮山，一条透澈清亮的瑶河从境内通过，贯穿东西。瑶河是古镇的

「瑶里江水」

母亲河，河水清澈见底。电影《闪闪的红星》中的一首插曲《映山红》，从一个侧面反映了古镇良好的山水环境："若要盼得哟红军来，岭上开遍哟映山红。"每当春天来临，走在瑶里古镇的老街上，就能领略到电影中漫山遍野开满映山红的壮丽场景；这一景象为赣东北独有，它既预示着瑶里的地理位置，同时也表明其美好环境。

瑶里最初是一个繁华的商贸古镇。现今仍然保存良好的瑶里明清商业街全长1000多米，分为上、中、下三段。当时的民谣说："上街头，下街头，街面宽又长；糖盐醋，绸缎布，店面九百九。"可见当时古镇的繁荣兴盛。瑶里古时的繁荣可以说是因为它位居古徽州大道的重要节点上，现存的瑶里明清商业街便是古徽州大道上最为繁华的一条商业街。街上的路都用3块青石板铺成。为了给络绎不绝的徽商和挑夫指明前进方向，刻于清乾隆三十八年(公元1773年)的"徽州大路转弯"(碑)的路标如今仍屹立在丁字路口处；这是当时瑶里交通和经济发展的最好历史证明。同时，电影《闪闪的红星》也有这样一个场景：潘冬子和宋爷爷为红军收集食盐而走街串巷，从他们所经之地可以看出当时瑶里老街的繁华、功能的齐全（有当铺、盐铺、米铺、打铁铺、杂货铺等），那些鳞次栉比的临街店铺也说明了瑶里的繁盛。

「瑶里印象」

「瑶里街区」

瑶里还透露着一种积极向上的情态，瑶里

的“红色”最能说明这一点。“红色”不仅指窑火的红、映山红的红、瑶河中鲤鱼的红，还指燎原的革命红。瑶里是著名的皖赣边区三年游击战争的根据地之一、是新四军改编地之一，古镇中保存着多处红色革命遗址，如陈毅旧居、新四军驻址、抗日动员大会会场等。其中，抗日动员大会会场是一个较为典型的例子，它是1938年2月8日陈毅同志来这里主持红军游击队改编事宜、召开抗日动员大会时的地方。其前身是瑶里著名的程氏宗祠，它依山面水，正对青翠高峻的瑶岭。程姓是瑶里的大姓，程氏宗祠始建于明中叶、清代时重修。宗祠为三进，有两个大天井，分为前厅、中堂和享堂；横宽12米，纵深33米。前厅部分主要是一座大戏台；大戏台是活动式的，只有在演出时才搭台，既提高了空间的利用率，同时也不影响平时的使用。前厅由一个天井连接中堂，两边是回廊，供人们观戏。享堂前也有一个天井，从大门往里看，享堂显得非常的深邃。程氏宗祠顺应山势而建，从大门开始，祠内地势逐步上升，使祠堂形成一种自然、独特的内部空间序列。在这种空间序列中，从享堂往戏台方向看，可方便看戏；从前厅往享堂方向看，又顺应了祖宗排位须仰视的习俗。因而，它饱含着建造者们的心思和对祖宗的敬畏。整个建筑的精华部分是前厅上方歇山式的屋顶，因为整个高挑的屋顶的内顶被设计成古代官轿的内顶形状；这一形态与戏台演出的音效要求完美结合，既满足了戏台聚音、传音的要求，同时又提升了整个建筑的气势。

「程氏宗祠」

谁不忆江南

浩瀚的太湖水把周庄孕育得如此美丽、富饶，吴地文化又赋予它灵气，生出周庄人斯文柔和性格、运筹帷幄的智慧、开敞豁达的胸襟。这些使得周庄从众多水乡中脱颖而出，饱含着雅俗兼济的风范，雅得彻底，俗得到位，轻而易举地就将人们统统征服。

东南邹鲁：歙县

歙县位于安徽省东南部、新安江上游，与浙江省毗邻。据《太平寰宇记》载："有水曰歙浦，或歙者翕也，谓山水翕聚也"；歙县由此得名。歙县是古徽州府治所在地，是徽州文化和国粹京剧的发源地，也是徽商、徽菜的主要发源地。

「歙县」

歙县历史悠久，古属百越。秦末置县，先属会稽郡，后属鄣郡；汉武帝时属丹阳郡，是皖南最早的秦、汉古县之一。东汉末年，孙权派名将贺齐率兵在歙县征服山越人，歙县归新都郡；西晋太康元年(公元280年)改新安郡。隋文帝开皇十一年(公元591年)置歙县。此后，歙县一直为州、府治所在地。北宋宣和三年(公元1121年)，方腊起义失败，改歙州为徽州。元代属徽州路，明、清属徽州府。2000多年来，其城址从未迁徙。歙县境内除丰乐、扬之河畔有小部分丘陵外，其它地方的群山环抱、峰峦起伏，属黄山、天目山两大山脉。

歙县城(徽城镇)位于歙县中部，坐落在五峰叠峰、四水萦回的景色之中。斗山和长青山横亘城中，将城区分为东、西两部分：东部以问政山为屏障，形如半月，这是历史上的县城；西部面对练江诸水，地域开阔，是历史上的府城。两城似双环纽扣。县城城墙营建于明嘉靖三十四年(公元1555年)。时倭寇犯境，县无所恃，乃筑城，广约1.3平方千米，城门有四：南紫阳、东问政、北新安、西玉屏。今仍存问政、新安二门及问政、五屏二山之城墙残址，

「歙县」

城内尚留有宋代始建的紫阳书院、文庙及九座明、清牌坊。徽州府（州）城即今歙县城西半部。隋开皇十一年(公元591年)改新安郡为歙州，州治设于海宁。隋末，歙人汪华据州自称“吴王”，将州治迁至歙县乌聊山，并筑城：内为子城，周长一里四十二步，址在现今县府一带；外为罗城。唐中和二年（公元882年）曾扩大城址范围。北宋方腊起义时(公元1121年)，州城毁于战火，歙州改名为“徽州”，城乃依原址重修。明初，邓愈加筑府城，周九里七十步，约0.5平方千米；此后，仅有局部修缮。故现今之府城在唐中和时已基本定型。今府（州）城尚留有城郭残段约1500米，以及西门月城，东、南两谯楼，七座明、清牌坊和十数口唐以来的古井；此外，基本保持明清风貌的街道有斗山街、中山巷。府城的南谯楼始建于隋末，为汪华吴王府外子城的正门门楼。楼三重三开间，高约20米、宽约15米、深约10米，砖木结构，悬山顶，前、后通间开窗，下为门阙；门阙宽4.5米左右，各有13根木柱，成10度斜倚墙壁，用以支承大梁。该楼曾多次重修，至今保持旧制，为省级文物保护单位。

「歙县一隅」

歙县向以“文化之乡”“礼仪之邦”而著称，历史上享有“东南邹鲁”之美称。歙县是程朱理学的发祥地，更由于徽商的兴起、兴盛而提供了雄厚的经济基础，所以，历代以来人文郁起。紫阳书院在歙县城东华屏山南坡，始建于南宋嘉定十五年(公元1222年)，由县令彭方倡建；时名“文公祠”，以纪念理学大师朱熹。南宋淳祐五年(公元1245年)，徽州太守韩补呈请朝廷建书院，宋理宗赐名曰“紫阳

「紫阳书院牌坊」

书院”，后院址屡有迁徙。清乾隆五十五年(公元1790年)，曾任户部尚书的歙人曹文埴倡议于文公祠旧址复建书院，名“古紫阳书院”，有建筑物近1800平方米，一直沿用至清末。现书院基本保留着原先的格局，存有朱子殿、道志舍、德据舍、依仁舍、游艺舍、文公井，其他建筑仅存遗址。在科举和仕宦上，据统计，歙县宋、明、清三代有进士372人，并有“父子尚书”“同胞翰林”“连科三殿撰(状元)，十里四翰林”“四世一品”的佳话。这些中举者中，不少成为朝廷股肱大臣：宋代有程元凤，明代有许国，清代有程景伊、曹振镛、潘世思；至于尚书、侍郎、御史，清代就有35人。歙县其他历史名人还有：南朝梁、陈的军事家程灵洗，唐初隐士许宣平，北宋农民起义领袖方腊，明代爱国志士江天一，辛亥革命的先驱者、《神州日报》的主笔汪允宗。这些杰出人才使款县更富有历史的深度与广度。

「潜口民居」

歙县的民居、祠堂与牌楼均是适应江南山区自然条件、风俗习惯而发展起来的历史建筑样式；由于其精美绝伦、特色明显，故合称为“徽派古建三绝”。其中，潜口民居，位于歙县城西18千米的潜口村，为山庄式建筑群体，占地26亩，内含民居、祠宇、牌坊、路亭、拱桥等明代建筑10处，是国家文物部门为集中保护徽州明代建筑而从歙县数百座明代建筑中精选后拆迁过来的；各民居单体在格局、结构、装饰上各有特色。山道上的方氏宗祠石牌坊，建于明嘉靖六年(公元1527年)，四柱三间三楼，整座石坊用的是粉红色砂岩，高大华丽，给人以鲜丽

「潜口民居」

「大学士牌坊」

之感。方文泰宅，建于明代中叶，是一幢三间两进的楼房，其雕作之细腻优美世所罕见。楼层沿天井一周装置弧形栏杆，坐凳靠背向外弯曲，超出檐柱，有如鹅头椅，俗称“美人靠”或“飞来椅”。其面临天井的一面分层装方格，框格中为透雕花卉；加上底部曲线优美的壶门，顶部用荷叶、莲柱托衬的扶手，整座栏杆成了一条织锦。该宅的柱础、窗栏也无不雕琢精美，体现了明代徽州住宅装饰艺术的最高水平。许国石坊，又名“大学士牌坊”，俗称“八脚牌楼”，坐落在歙县城阳和门内，跨街而立，建于明万历十二年(公元1584年)。石坊平面呈长方形，南北长11.5米、东西宽6.77米、高11.4米，四面八柱。石坊遍布雕饰，图案类似徽州民间建筑彩绘。梁枋两端浅镌如意头、缠枝、锦地开光。中部框内为深浮雕，如“鱼跃龙门”“凤穿牡丹”“龙庭舞鹰”等。柱础外侧的台基上雕置蹲驻与奔走等各种动作的大狮子12只，台基左、右皆镌各式獬豸图案。整座石坊的雕刻艺术工艺细腻，古朴豪放，为徽州石雕工艺中的杰作。由于许国石坊的形制和建筑艺术较为罕见，现为全国重点文物保护单位。呈坎村，有明代祠堂屋和民居22幢，以宝纶阁最为突出。它三进九间重楼，无论在形构和装饰上都可与宫廷建筑媲美，其雕刻、彩绘极富南方传统风格。宝纶阁原名“贞静罗东舒先生祠”，始建于明嘉靖年间，古祠占地3300多平方米，分前、中、后三进，五层山墙，层层升高，气势宏伟，超出民间祠宇的规格。它由照壁、棂星门、左右碑亭、正门、两庑、露台、大堂、寝殿、女祠及厨房、杂院组成。寝殿宝纯阁是该祠精华部分，歇山顶，通面阔29米，进深10米，寝殿高7.5米，阁高4.7米，台基高7.33米，由九楹外加楼梯间二楹共11开间。宝纶阁以其“大、美、古、雅”被誉为“古建筑艺术博物馆”，现为全国重点文物保护单位。

歙县城西10千米的唐模村的檀干园俗称“小西湖”，原为许氏文会馆，清初建园，清乾隆年间(公元1736—1795年)增修，是歙县有名的水口园林。因正门前沿溪堤岸种植檀花，故名“檀干园”。园内“三塘相连，宽亘十亩，灌田云十亩”，游憩、灌溉一举两得。檀干园的空间组织非常成功，整座园林连同村落恰似清奇的诗篇，起承转合，主从分明：序幕初开，有亭翼然；穿过石坊，空间变换过渡，长而稍曲的石板路将视线导向园林，形成聚景。入口处原有门楼，紧邻“响杉亭”，以檀树、紫荆为行道树；缘溪而行，渐入佳境，涧渠送响，林木葱郁。经“响杉亭”入“檀干园”正门，左转有长廊通往水榭，然后北折沿堤过“玉带桥”，即达“镜亭”。镜亭楹联下联有云:“看紫霞西耸，飞瀑东横，天马南驰，灵金北倚，山深人不觉，全村同在画中居。”

龙蟠虎踞：南京

南京位于江苏省西南部，地处长江下游，距长江口240千米。市郊有紫金山、幕府山、栖霞山，市内有清凉山、狮子山、九华山和鸡笼山；秦

> 南京城东依钟山，西临长江，市区为山峦所环抱，有“龙蟠虎踞”之称。

淮河、滁河水系流经境内。南京属北亚热带季风气候，夏季炎热，是长江流域“三大火炉”城市之一。其6000多年文明史、近2600年建城史和近500年的建都史，让南京成为中国七大古都之一，有“六朝古都”“十朝都会”之称，是中华文明的重要发祥地，历史上长期是中国南方的政治、文化中心，有厚重的文化底蕴和丰富的历史遗存。

远在6000年前，南京已有人类活动。春秋时期，楚国和吴国先后在今南京市六合区境设置棠邑，吴国在今高淳区境设置濑诸邑，又称“固城”，吴、楚之间曾为争夺固城而发生战争。周元王四年（公元前472年），越王勾践灭吴后命范蠡筑城于今雨花台、秦淮河口的长干里，称为“越城”；

这是南京地区正式有城池的开始。周显王三十六年(公元前333年),楚威王灭越,在石头山(今清凉山)设“金陵邑”,金陵之名自此始。汉献帝兴平二年(公元195年),孙策占领小丹阳、湖熟、江乘和秣陵等县。汉建安十六年(公元211年),孙权将政治中心从京口(今镇江)迁来秣陵(金陵),并改秣陵为建业。东吴黄龙元年(公元229年),孙权称帝,并自武昌还都建业,南京建都自此始;此后,东晋,南朝的宋、齐、梁、陈均相继在此建都,故南京有“六朝古都”之称。五代时的中国,诸雄相争,战乱不断;而南唐国建都金陵府,偏安江南,秦淮河两岸集市兴隆、商贾云集。宋、元时期的金陵依然保持南唐的城市规模,作为东南地区的经济重镇而闻名。1368年,明太祖朱元璋称帝,创建大明王朝,南京再次成为中国的政治、文化中心。明朝南京城是全世界最大的城市,历时21年,修建了33.65千米长的南京明城墙,是世界上第一大城垣。鸦片战争后,清政府于1842年在南京下关江面英国军舰上签订中国近代史上第一个不平等条约《南京条约》,拉开了中国近代史的帷幕。1853年,太平军攻克南京,建立太平天国,改称“天京”,建都11年。辛亥革命胜利后,南京于1911年12月2日光复。1912年元旦,中华民国临时政府在南京成立,孙中山宣誓就任临时大总统。1927年北伐军节节胜利,4月18日在南京成立国民政府,定南京为首都。1949年4月24日,中国人民解放军占领南京,南京解放。

明南京城的建设是古代南京发展史上规模最大并最具特色的一个阶段。从元至正二十六年(公元1366年)直至明洪武末年,规模宏伟的南京城乃成,它以独特的不规则的城市布局而在我国都城史上占有重要的地位。其中,明故宫的平面呈长方形,坐北朝南,南北长5华里,东西宽近4华里。宫外有护城河,宫城形制依《礼记》设三朝五门。正殿之后设乾清、坤宁二宫,象征帝、后犹如天、地;乾清宫左、右立“日精门”“月华门”以示日、月相佐。这种模拟天象、依托礼制来布局的

「明故宫一隅」

做法，其目的是要以此来强化、烘托明王朝统治的天经地义。皇城的中轴线南起洪武门，经承天门、端门、午门抵奉天门。在洪武门至承天门这一宽阔的御道两边有长廊，称“千步廊”；御道的东侧分布着吏部、户部、礼部、兵部和工部等中央行政机构，西侧是最高军事机构——“五军都督府”。唯独主宰刑杀大权的“三法司”——刑部、都察院和大理寺设在皇城以北的太平门外。洪武门与承天门之间有外五龙桥，午门与奉天门之间有内五龙桥；午门外，西南有社稷坛，东南有太庙。奉天门以北为禁中，宫殿建筑分作中、东、西三条轴线：中轴线上便是“前朝后寝”(即奉天、华盖、谨身三大殿和乾清、坤宁二宫)，东轴线有文华殿等殿宇，西轴线上有武英殿等。宫城南面有午门、左掖门、右掖门，西面有西华门，东面有东华门，北面有玄武门。宫城外的皇城辟有六门，即南面的洪武门、东南的长安左门、西南的长安右门、西面的西安门，东面有东安门、北面的北安门。

坐落在紫金山南麓、独龙阜玩珠峰下的明孝陵是朱元璋及马皇后的陵墓。明洪武十三年(公元1380年)，朱元璋选定了这块风水宝地，并自创陵寝制度，于次年动工建设。当初的明孝陵占地广大，北起钟山，南至孝陵卫、东起灵谷寺、西至城墙，陵垣周长达45里；南朝时期的70所寺院有一半被围于孝陵禁垣之中。明孝陵建设封山锢水，总体布局分作两大部分；前段为孝陵引导部分，由卫岗下的下马坊至文武方门，其神道长2400米。明孝陵地面木结构建筑多毁于1853年清军与太平军之战，现仅留有下马坊、禁约碑、内红门、碑亭四壁、石像生、方城明楼下部等遗物。明孝陵的神道、祭享区和内宫区三段式布置方法成为北京明十三陵的样板，只是十三陵的神道合而为一，由13座帝陵共用而已；但每座帝陵分别设立的祭享区和内宫区则和孝陵的

「明孝陵石像生」

「明孝陵」

布局基本相同。后来，清代帝陵仍沿用明陵的布局模式，所以，明孝陵开创了明、清时期500年皇帝陵形制的先河。

在南京长江路292号煦园的西面有一幢小巧的西式平房建筑，这就是孙中山在南京就任临时政府大总统的办公室旧址，现为江苏省文物保护单位。临时大总统办公室原为清两江总督端方建造的一座花厅，坐北朝南，面阔7间，中间有一个设计精巧的亭形拱式门斗，由大门而入为穿堂，原为衣帽间，现陈列着孙中山的坐像。其右侧3间，分别为小会议室兼会客室、大总统办公室和总统临时休息室；左侧3间为一个大会议室，内阁会议及高级军政联席会议均在此举行。现在，根据孙中山身边的原工作人员回忆，制作了一套人物模型复原陈列，再现了孙中山先生在此从事革命活动的历史瞬间。

「临时总统办公室」

孙中山先生于1925年在北京逝世，根据他本人生前的意愿，选择紫金山南坡作为墓地。陵墓设计方案采用32岁的青年建筑师吕彦直的设计图。中山陵的设计思想是把建筑融于自然环境之中，吸取了中国传统陵墓布局的特点，采取中轴线对称的布置方式，并具有西方石造建筑的永恒纪念性。陵墓按行进序列依次建有牌坊、甬道、陵门、碑亭、祭堂和墓室。与古代帝王陵墓不同的是取消了石像生，并打破了传统的神秘、压抑气氛，代之以严肃、开朗、平易近人的环境氛围；建筑的色彩也没有采用传统帝陵的黄色琉璃瓦和红墙，而采用蓝色屋顶、灰白墙身。陵墓的甬道长375米、宽40米，共392级台阶，引至158米的墓室；行走其间，能感受到紧

「中山陵」

凑、连续的空间序列。建筑造型比例严谨，尺度、形体、材料表现及细部传统装饰图案的应用均比较成功。陵门为三拱石门建筑。主体建筑祭堂的平面为方形，并将四角的石墩突出，以突破传统框框，体现了西方古典主义建筑形式的稳定与永恒性。建筑结构所用材料是现代的钢筋混凝土，但又不失传统风格。

天下第一江山：镇江

「镇江」

镇江位于江苏省中部、长江下游南岸，处于长江三角洲顶端、长江与京杭大运河交汇处。其历史悠久，是我国古代著名的通商大埠；其山川秀丽，有“天下第一江山”之称，被誉为“城市山林”，为我国重点旅游城市。

早在更新世中晚期，镇江即有古人类劳动、栖息和繁衍。文物表明，早在3100年前，周族人的势力已经到达江南。相传，西周初年，太(泰)伯、仲雍奔江南，“断发文身”建立句吴；镇江是吴国的发祥地。春秋时，镇江为吴国朱方邑。秦始皇统一中国后，镇江属会稽郡。西汉时，镇江是汉高祖堂兄荆王刘贾的封地；荆国被灭后，镇江属吴王刘濞的封地。东汉末年，孙权称霸江东，认为丹徒形势险要、可作基业，遂于209年在丹徒之西、北固山前峰筑“京城”。其城东、城西各开一门，形如瓮，固若金汤，故又名“铁瓮城”；这是镇江市区最早的城。北宋开宝八年（公元975年）命名“镇江”，因此地是镇守江南之要地而得名。宋徽宗政和三年(公元1113年)，升润州为镇江府。元为镇江路；明初一度改为江淮府，后又改为镇江府；清代继之，镇江之名一直沿用至今。1949年4月23日，镇江解放，设镇江市；1983镇江改为省辖市。

镇江是典型的山水城市，“一水横陈，连岗三面，做出争雄势”是镇江山水形势的典型概括。沿长江分布的“京口三山”遥相呼应：焦山屹立江中，宛如浮玉；金山拔地而起，亭亭玉立；北固山气度恢弘，雄峙江边。这一恰到好处的山水布局经前人长期的开拓、点缀，风光更为旖旎；梁武帝称为“天下第一江山”。而城南诸山，山虽不高，峰峦重叠，茂林修竹，云烟溪流，又被宋代大书画家米芾赞为“城市山林”。

金山，因和尚开山获金而得名。金山的寺庙规模极大，为京口古刹之首。金山寺始建于晋朝，唐以后逐渐闻名。寺中殿阁楼台重重叠叠，从山脚下一直建到山顶；远看金山，没有一点山的感觉，金碧辉煌的庙宇把金山包得严严实实，故有“焦山山裹寺，金山寺裹山”之说。金山西边有一个“中泠泉”，唐代陆羽评之为“天下第一泉”。

「金山寺」

焦山，宛如一块晶莹碧绿的玉石，浮在大江之上；所以，焦山又名“浮玉山”。相传，东汉名士焦光曾在这里“结草为庐，三诏不起”，遂名为“焦山”。焦山海拔150米，四面环水，和象山相对峙。焦山以苍翠的竹木取胜，远看青绿一堆；始建于汉代的定慧寺，就掩映在这万绿丛中。游人沿着曲曲弯弯的山路，穿竹林、过林海，登上焦山峰顶的“汲江亭”，举目四望，大江上下，舟揖来去，烟波万顷。

「焦山定慧寺」

北固山，在金山、焦山之间，梁武帝萧衍登北固山时曾写过

「北固山甘露寺牌坊」

“天下第一江山”六个大字。北固山有前、中、后三峰，中有一条狭长的山埂把三峰连在一起，人称“龙埂”;相传，孙权迁都镇江后，他的宫殿建在前山峰上。北固山上有甘露寺；寺虽小，名气颇大，相传是刘备招亲的地方。北固山上还有试剑石、多景楼、遛马涧、祭江亭等名胜古迹，均系附会“甘露寺招亲”而设。

「北固山一角」

镇江南郊诸山，山岭环抱，林木清幽，鹂鸣婉转，景色之佳，久负盛名，向有“城市山林”之美誉，现为省级南郊风景名胜区。风景区以山峦群体组合，海拔自30~185米。山谷之间，河渠、水库密布，山水萦绕，形成山清水秀的“城市山林”特色。其南部是平缓岗丘，一派农家田园景色；其北部与长江江岸之间的丘陵台地，是“一江横陈，三面环山”的镇江城。在南郊风景区，最高的是九华山。该山群峰环抱，谷深林茂，风景幽绝。山顶原有幽栖寺(建于明代)，今仅存遗址。九华山东侧有招隐山，海拔150米，山势成马蹄形岗坡。山上有狮子窟，山东麓有招隐寺。山中植被茂盛，有针叶、阔宽叶树数十种，黄鹏 、绶鸟等飞禽数十种。山上有虎跑泉、鹿跑泉，山下有珍珠泉，与“天下第一泉”相若。山中六朝遗迹众多，有戴额的听鹏山房、昭明太子读书台、编纂《昭明文选》的增华阁等。

镇江自古便是大江南北舟船往来之要冲、江防之要地。清道光二十二年(公元1842年)夏，英军舰队窜入长江口，发动“扬子江战役”；在侵入镇江防线时，遭到镇江守军和圌山、焦山、象山炮台的英勇抵抗。这些炮台均为1840年中英鸦片战争发生后陆续修建的。圌山炮台是防守镇江的第一道隘口，它位于镇江城东北五里的圌山支脉五峰山之大矶头、二矶头

「炮台遗址」

上，现有两座炮台比较完整。焦山炮台在焦山东麓，由8个炮堡连接而成，后有营墙，整体呈扇形，最长处为77米、最阔处为55米。象山炮台，在象山南一里的滨江湾角处、荒滩处和山顶，为一组4座快炮台，每座间距27.2米，全长88米。三处炮台均居高临下，面对大江，雄峻壮观，是清代遗留下来较大的综合性、系列化江防工事建筑，现为省级文物保护单位。

1938年6月17日，粟裕率领的新四军先遣支队挺进江南敌后抗日，在韦岗伏击日军车队，首战告捷，震惊中外，为建立茅山抗日根据地揭开了序幕。为纪念“新四军江南第一仗”的胜利，1985年9月镇江市人民政府在镇江西郊镇句公路旁的高鹂山东麓的半山坡平台上建立了“韦岗战斗胜利纪念碑”。碑高25米，顶部饰有带刺刀的步枪，下为四方座，2幅浮雕，另两面中：一面是粟裕当年为韦岗战斗胜利的题词“新编新四军，先遣出江南。韦岗斩土井，处女凯歌还”；另一面刻有陈毅《韦岗初战》七绝。1938年6月15日，陈毅率领的新四军一支队由高淳抵达今镇江丹徒区宝埝镇，一支队的司令部、政治部、参谋部设在宝埝之北的前隍村，陈毅、王必成等人即驻在此处。1938年7月7日，在当时宝埝镇的“怡和酒行”召开了镇江、丹阳、句容、金坛四县群众代表会议，宣告成立四县抗敌自卫委员会总会，领导并成立各县、区、乡的抗日自卫组织。当年的会议遗址现为宝埝镇政府，并计有二层砖木结构的楼房28间、500多平方米，现为省级文物保护单位。

镇江最著名的传统特产是香醋，为清咸丰十年(公元1860年)朱恒顺槽坊创造，已有150多年历史；它以优质糯米为主要原料，采取独到的固体分层发醇的酿造方法制作。其工艺复杂，需经酿酒、制醋醇、淋醋三大过程，40余道工序，历时70天酿制而成；素以“色、香、酸、浓、醇”而著称，具有久存其质不变、且有愈陈愈香的特点，为独特的调味佳品。它不镇江香醋早在1909年南洋劝业会、1915年巴拿马国际博览会获金奖，在1985年法国国际美食及旅游委员会又获金奖。

仅是调味佳品，还具食疗美容、延年益寿等功能。镇江最著名的传统佳肴是镇江肴肉；相传，清初就有肴蹄，已有350年历史。肴肉皮色洁白，光滑晶莹，卤冻透明，故有“水晶肴蹄”之称，具有香、酥、鲜、嫩四大特点，其精肉色红，香酥适口。因肉质部位不同、切削形状各异、口味有别的肴肉块，又有眼镜兜、工刀、玉带钩、三角柱、添灯棒、蹄冻、蹄瓜等种类；若佐以香醋和姜丝，滋味更美。

绿杨城郭：扬州

「扬州」

扬州位于江苏省中部、江淮平原南端、长江和京杭大运河十字交汇处，是长江下游的重要城市。自古就有“扬一益二”之说，有“月亮城”的美誉。扬州历史悠久，文化璀璨，商业昌盛，人杰地灵。扬州环境宜人，景色秀丽，四季分明，气候温和，是联合国人居奖城市、全国文明城市、中国温泉名城。境内河流纵横，土地肥沃，有利于农、副、水产业的发展。同时，扬州南临长江，北接淮北，有京杭大运河贯穿南北，高速公路西连南京、东接南通，南面与镇江隔江相望；扬州港是长江中下游客、货运输的主要港口，也是江苏省对外经济贸易口岸之一。

扬州历史悠久，曾是江淮经济、文化中心，也是对外贸易和国际友好交往的重要港埠。早在春秋末期，周敬王三十四年(公元前486年)，吴王夫差为了北上争霸中原，开邗沟连通江淮，并在原邗国故址—蜀川上建筑“邗城”，至今已有约2500年的建城历史。邗沟的开发，沟通了南北交通，为江南经济、文化的发展创造了有利条件；而“邗城”也是历史上最早的扬州城。战国时期楚怀王灭越后，将邗城重加修筑，改称“广陵城”。秦亡后，西楚霸王项羽曾准备在广陵建都，故又称“江都”。汉初，刘邦封其侄刘濞为吴王，建都广陵，扩建城池，周长14.5里。魏晋南北朝时期，广陵城曾改称为“南兖州”“吴州”;直到隋初，隋文帝杨坚设置扬州总管府，扬州城始有“扬州”之名。至唐代，城址分子城和罗城两部分：子城亦称“小城”，即衙城，是衙门聚集的地方；罗城亦称“大城”，为工商业区和居民生活区。两城相互连贯，规模宏大，约有16.6平方千米，被称为“淮左名都”。到北宋，扬州城分为三个部分，即堡城、夹城、大城，合称“宋三城”。明初，在宋大城西南修筑小城；到明中期，小城东至运河间逐步发展成为商业和居民生活区；明嘉靖年间，为防倭寇袭扰，遂在东城外扩建新城，原小城称为“旧城”。清代沿用明城。1949年3月，扬州解放并设立扬州市；今日的扬州老城区即明清时期新、旧城的规模范围，它四周被古运河和护城河所环抱，中有小秦淮河贯通南北，城市道路纵横、整齐方正，保持了古城原有的棋盘式布局。

扬州西北部的蜀冈—瘦西湖风景区位于由古城遗址、蜀冈名胜、瘦西湖自然风光和古典园林等组成。自隋、唐以来，特别是清中叶，修建和创造了“巧夺天工”的湖山胜境，建筑物依山临水，园外有园，景外有景，形成“两堤花柳全依水，一路楼台直到山”的风景名胜区。

其中，古城遗址位于风景区北部，为春秋末期吴王夫差所筑的邗城、西汉吴王刘濞所筑的广陵城、十里长街的唐城以及后周的周小城、宋宝祐城遗址，保存较好。

瘦西湖是在扬州古城之西的一个狭长的湖泊，南起虹桥、北抵蜀冈。该湖湖水面积为 9.7 公顷，利用桥、岛、堤、岸的划分，使狭长湖面形成层次分明、曲折多变的山水园林景观，兼容北方之雄浑和江南之秀丽。虹桥，旧称“红桥”。站在桥顶，纵目向北眺望，唯见波平如镜，水天交碧；

「瘦西湖」

仰观俯视，竟不知是云行湖底、还是树映天上。沿虹桥西端向北，便踏上“长堤春柳”。堤有数百米长，西侧为花木、高丘,东临湖,岸边垂柳飘拂。走完长堤，有乾隆名园“桃花坞”故址(今名“徐园”)，满目桃花喷霞，另有一番风情。桃花坞正厅为听鹏馆。馆前有两只大铁镬，相传为南朝萧梁时的镇水遗物；镬中种有荷花，古镬、新花相映成趣。离开“桃花坞”，跨过北面束在湖身的红栏桥，便是小金山。小金山四周环水，处于瘦西湖的中心地带。这里的建筑别具匠心，有湖上草堂、琴室、月观、小桂花厅等胜景；而山顶可俯瞰湖景。小金山最西端有短堤伸入湖中，上建方亭，俗称“钓鱼台”。这座方亭临湖的南、西、北三面皆有圆洞门，各嵌一景。沿湖西行，便到五亭桥。五亭桥建于清乾隆二十二年，是一座很别致的拱形石桥；在十多丈长、二三丈宽的桥身上，矗立着五座亭子，中间一亭最高，南、北各二亭相对称，拱出主亭。亭顶琉璃黄瓦青脊，金碧交辉；周围石栏的柱端皆作狮形，雕凿精巧。桥下纵横有15个洞，中间一洞最大，其他参差相似，都可以通船。五亭桥旁有莲性寺，寺内有仿北京北海白塔的藏式喇嘛塔一座。

「瘦西湖白塔」

扬州地处江淮之间，南北文人、工匠融汇交流，在造园艺术上异于苏

扬州古典园林主要指明、清时期扬州的私家园林。

州园林。扬州园林重于园外四周环境的改良，使其自然环境山水化，因而相对地具有较为开敞的特点。扬州园林在平面布局上较为规整，动、静观结合，妙处在于立体交通与多层观赏线，如复道、廊、楼、阁以及假山的窦穴、洞曲、山房、石室皆上下沟通；在园林特色上则以“叠石”胜，叠山也有独特成就；在园林建筑方面则兼采南、北方特色，单体处理尤善利用楼房;花木亦兼具南、北两地之长，如有芍药、牡丹等北方花卉在此盛开，可谓江南园林之独创。扬州东关街的个园，原为盐商黄至筠寿芝园，后由黄应泰重加修建，广植修竹，并取“不可居无竹”之义及“竹”字一半，名曰“个园”，现为国家重点文物保护单位。园内建筑不多，有桂花厅、长廊、六角亭、七间楼、透风缕月厅等。扬州园林以叠石闻名，而个园“四季假山”又在现有遗园中最具地方特色，且为国内孤例。其“四季假山”概括了“春山淡冶而如笑，夏山苍翠而如滴，秋山明净而如妆，冬山惨淡而如睡”的中国画论，如：春山以石笋、修竹为主题，夏山以麦灰色湖石堆叠，秋山以黄石为主而对夕阳，冬山全用白色宣石，再配以应景树木，四季分明，独具特色。

「个园」

扬州市区太平桥侧的仙鹤寺是一座伊斯兰教礼拜寺，创建于南宋德祐元年(公元1275年)，为我国最早的四大伊斯兰教寺院之一。明洪武时再建，嘉靖时重修，现存建筑多属清中叶修建。仙鹤寺寺门在东，入门为前院，折北经走廊、穿庭院，即至礼拜殿之前廊。礼拜殿为寺中主要建筑，坐西朝东，面阔五间，单檐硬山顶；内部又划分为东、西二部，东部进深三间，西部进深二间；西墙中央有小龛，朝向圣地麦加。殿内又设宣谕台，上建八角亭，藏《可兰经》。南墙辟三门，可通山墙外之走廊及“明月”半亭，其外为设植花台、树木之中院。供教徒礼拜前净身之浴室在寺东南隅。此寺殿屋均采用我国传统木结构形式，仅平面布局及部分装饰仍按伊斯兰教要求。若干细部如抱鼓石、斗拱、坐斗、雀替等尚保留明代旧貌。在将外来文化与传统风格相结合方面，此寺是有一定特点的。

地方文化、民间工艺是扬州文化艺术史的重要组成部分。在清代，扬州是全国漆器和玉器的制作中心，造型雅致的扬州漆器和琢工精细的扬州玉器堪称扬州“二绝”；其工艺精湛，闻名于世，至今仍具有较高的艺术水平。扬州的民间工艺品十分丰富多彩，形神兼备的剪纸、刻纸、刺绣和新颖逼真的绒花、灯彩、玩具均享有盛誉。扬州的盆景、戏曲、评话也自成流派，具有独特风格，成就卓著；扬州的木刻版印刷是全国保存最完整的基地；扬州的酱菜驰名中外，扬州的菜肴(即“淮扬菜”)风味独特，与川、鲁、粤菜并称“全国四大菜系”，其风味菜有清炖蟹黄狮子头、三套鸭子、翡翠蹄筋、芙蓉鸡片、大煮干丝等，名点有三丁包子、蟹黄汤包、翡翠烧卖、千层油糕、扬州炒饭等，均以色、香、味、形俱佳而驰名中外。

「扬州炒饭」

人间天堂：苏州

「苏州」

苏州位于江苏省东南部、太湖之滨，东与上海接壤，西与无锡、常州为邻，南与嘉兴、杭州相连，北与南通隔江相望；沪宁铁路和京杭大运河交汇于此，水陆交通十分便利。苏州境内地势平坦，小山丘连绵，属凉亚热带中区，气候温和，四季分明，雨量充沛。

苏州城始建于公元前514年，有2500多年历史。吴王阖闾即位，命伍子胥“象法天地”，“相土尝水”，将方圆1.5平方千米的都城扩建为大型都城，名曰“阖闾城”；自此，苏州即成为我国东南地区政治、经济、文化中心。当时的阖闾城有水、陆城门各8座，“水道陆衢”，“车船并入”。秦始皇二十六年（公元前221年），秦统一六国，分天下为三十六郡，在吴设会稽郡，下设吴县，以今苏州为郡治并领26县。三国时，孙权在此建立吴国。隋文帝开皇九年(公元589年)，隋兵灭陈废吴州，以姑苏山名改称“苏州”；这是苏州得名之始。隋大业六年(公元610年)，由京口(镇江)到余杭的大运河开通，苏州成为地区航运中心，商业、手工业发达，成为江南的中心城市。宋太祖开宝八年(公元975年)平定江南，仍沿用苏州之名。北宋徽宗政和三年(公元1113年)，升苏州为平江府，从1229年所刻宋平江图碑中可以看出当时城市建设情况。明洪武元年(公元1368年)，朱元璋平定江南，改平江路为苏州府，领一州七县。清雍正二年(公元1724年)，以苏州一府领九县一厅，同时苏州是江苏省的省会，江苏巡抚驻此。1860年，太平军占领苏州，在此成立苏福省，建立政权达4年。1911年辛亥革命后，苏州废府，并原长洲、文和、吴县三县为吴县。1949年4月27日，苏州解放，成立苏州市。

由于苏州城始建时结合了自然条件，因地制宜地选择了好的城址，为城市以后的发展奠定了良好的基础，因此，自春秋时期吴王始建阖闾城以来的2500多年中，城址一直没有变动过；这在国内外都是罕见的。从宋《平江图》可以看得很清楚，苏州古城充分发挥优势，以水为中心进行规划建设，使自然与人工开凿的方格网河道系统与方格形道路网密切结合，形成水、陆配合，路、河平行且相靠的双棋盘式城市格局。如今，苏州古城“三横四直”格局基本尚存；它既代表了我国古代一般地区性中心城市的基本规划思想，而且也反映了水网地区城市规划的独特方法和成就。南宋绍定二年(公元1229年)所刻的《平江图》碑是我国现存最早、最详细的一幅古代城市规划图，它较全面地反映了宋平江城旧貌：平江城平面呈不规则长方形，南北长、东西短，城垣略呈屈曲又三处切角；同时，可以清晰辨出平江城以水为脉络、河道为骨架，街巷相依附，水陆既相邻、又平行，且双双经纬交织的水陆双棋盘式城市格局。宋平江城周设娄、葑、盘、阊、齐五门，皆水陆城门并列；城内外河道水系和道路网均息息相通。城垣内外有护城河，卫城若环。整个城市以子城为中心，保持了前朝后寝的传统；子城以南为官署区。全城有65坊，图上有65座竖立在街巷口的跨街坊表。宋平江城在苏州城市发展的历史上以其成熟、完美而极具典型意义；在宋之后的元、明、清，虽历史也不算短，但城市建设仅略有变动，总的来说是“一仍其旧”，堪称我国城市发展史上的经典。

「留园」

苏州素以园林著称。由于经济繁荣、文化发达、自然条件优越，自宋以来苏州园林渐多，到明清时期特别是清末尤盛，达到了高度的艺术成就，有“江南园林甲天下，苏州园林甲江南”之称。留园在城西阊门外，紧靠西圆古寺，是全国重点文物保护单位。它建于明天顺年间(公元1457—1464年)，占地50多亩。原有东、西两园；清嘉庆

「留园太湖石」

时，在东园旧址上建成寒碧山庄，光绪年间改为留园。整个留园分为中、东、西、北四个景区。中部以山水取胜，临水设置山石，培植花木，建设楼阁；荷花厅陈设雅致，气势轩昂。东部以厅、堂、轩、斋见长，重楼叠阁，曲院回廊；主要建筑有楠木厅、揖峰轩和林泉耆硕之馆等，杂以奇峰怪石，建筑堂皇，布置华丽，酷似《红楼梦》中的大观园。西部有一座假山堆叠自然，绕以清溪，景物动人。北部培植花果，富有农林风味。整个留园，结构紧凑，步移景异，富于变化。拙政园坐落在北寺塔路北侧，为苏州最大的名园和全国重点文物保护单位。它占地60多亩，始建于明正德年间(公元1506—1521年)。其布局以水池为中心，楼台亭榭临池而建，势若水上浮宫；峰峦洞泉巧夺天工，犹如名山胜境；松柏花草争芳吐翠，好似奇苑集锦。全园分东园、中园和西园三个部分。东园是全园大门，为明代“归田园居”旧址。中园是全园精华所在。由林香馆西行，横穿花窗长廊，登上倚虹亭，中园景色可览大概。继续向西，走过一座石栏小桥，便进入远香堂。堂为中园主体建筑，玲珑秀丽，陈设精雅；南、北两面都有平台池水，假山屏立，重峦叠翠，各见幽趣。中园有一艘旱船，其下层为香洲，上层为微观楼。继续西行，通过“别有洞天”，便进入西园。这里有“三十六鸳鸯馆”和“十八曼陀罗花馆”。西北有“留听阁”。阁西是盆景园，残桩放绿，枯树吐翠，各种花木美丽多姿。

「拙政园」

位于苏州市阊门外山塘街的虎丘，历来有“吴中第一名胜”之称。东晋时，司徒王珣和王珉兄弟建别墅于此，后舍宅为寺，名“虎丘山寺”；

相传，春秋时期吴王阖闾葬此后三日，“有白虎踞其上，故名虎丘”。

宋代改为“云岩禅寺”。拾级而上至山巅有一座雄浑古朴的砖塔——云岩寺塔，又称“虎丘塔”。塔建成于北宋建隆二年(公元961年)，距今已有1000多年的历史，是江南第一古塔。塔八角七层，砖建仿楼阁样式，总高47米，每层施平座、腰檐、柱额、斗拱及门窗，每层高、宽层层递减。塔内部由外壁、回廊和塔心(塔室)组成，每层有木梯可登；枋上尚留有许多图案式彩画，是国内较早的建筑彩绘之一。塔身早期即逐渐倾斜，明代曾加以修正。

「虎丘塔」

创建于西晋咸宁二年(公元276年)的苏州玄妙观初名“真庆道院”，唐代改称“开元宫”，北宋更名“天庆观”；南宋建炎年间毁于兵火，绍兴十六年到淳熙六年(公元1146—1179年)次第修复；元世祖至元元年(公元1264年)改额为“玄妙观”。玄妙观在清康熙年间的极盛时期曾有殿宇三十余座，是全国最大的道观之一；在太平天国战争中受到破坏后，未能恢复旧观。现存的较大建筑主要是山门和三清殿，1956年人民政府对三清殿等主要建筑进行了修缮。三清殿重檐歇山，面阔九间、通长45米多，进深方向通深25米多，巍峨壮丽；不仅是苏州

「玄妙观」

仅存的宋代大殿，也是江南一带最大的现存宋代木构建筑，在中国古代建筑史上具有重要地位。该殿虽经历代重修，但仍保持着南宋时期的建筑特征，屋顶坡度平缓、出檐较深，斗拱疏朗雄大，且有上昂的斗拱，为国内孤例。殿内砖须弥座制作精致，座上为三尊泥塑金身像，即道教始祖太上老君、元始天尊和通天教主，神采俨然，衣褶拳曲，是宋代道教雕塑中的佳作。殿前有石砌露台围以栏杆；殿的基座南侧保留着南宋青石雕栏，栏板上浮雕人物鸟兽，精美异常。殿内还保存有唐代吴道子所绘老君像的石刻，上有唐玄宗李隆基撰、颜真卿写的赞，以及其他宋刻等珍贵文物。

苏州的工艺美术源远流长，巧夺天工。苏绣、缂丝、苏扇、红木雕刻、姑苏彩灯、吴门国画、桃花坞年画、苏派盆景等蜚声国内外。此外，还有苏州玉雕、民族乐器、戏剧服装、碧螺春绿茶、姑苏月饼等均以历史悠久、精细美观见长，其技术精湛、造型美观，使技术与艺术融为一体，誉满天下。苏绣，原为苏州地区民间妇女的手工艺品，已有2000多年的历史，并在长期的历史发展中形成了平、齐、细、密、匀、顺、和、光八大特点。苏绣在五代和北宋时即有很高的水平；在明代，苏州家家养蚕、户户刺绣，形成家庭副业。到清代，苏绣更以精细雅洁享有盛名，誉满中外的“双面绣”就是在那时出现的。新中国成立后，苏绣进入新的发展阶段，双面绣《小猫》成为现代绣品的突出代表。苏州桃花坞年画与天津杨柳青年画、山东潍坊年画并称为“我国三大木版年画”，以构图丰满、形式生动多样、富有装饰性等艺术特色而驰名中外。它始创于明代，盛行于清代，至今已有400多年历史。1979年，苏州恢复了桃花坞木刻年画社，创立了桃花坞木刻年画研究会；现在该社品种已达400多种，产品畅销全国各地。他们的年画作品还先后到意大利、比利时、德国、日本、新加坡、泰国等地展出，受到外国朋友的赞赏，被誉为“东方工艺之花”。

中国第一水乡：周庄

「周庄」

始建于公元1086年的古镇周庄，因邑人周迪功郎捐地修全福寺而得名，春秋时为吴王少子摇的封地，是隶属于江苏省昆山市和上海交界处的一个典型的江南水乡小镇。历经千年历史沧桑、由浓郁吴地文化孕育的周庄，以其灵秀的水乡风貌、独特的人文景观、质朴的民俗风情而成为东方文化的瑰宝，是吴地文化的摇篮、江南水乡的典范、中国优秀传统文化的杰出代表。2000年，周庄被联合国教科文组织列入世界文化遗产预备清单，并荣获迪拜国际人居环境最佳范例奖。2003年，成为中国首批历史文化名镇。

周庄位于苏州城东南、昆山西南部，已有900多年的历史。周庄始称“摇城”，因春秋、战国时期周庄境内为吴王少子摇的封地而得名。北宋元祐元年(公元1086年)这里称作“贞丰里”，逢江南大灾，当地人想修庙供佛，以求风调雨顺；一位姓周的迪功郎将自己居住的房屋连同自己名下的两百余亩地一起捐出，作为修庙之用。当地人为表达对周迪功郎的感激之情，取其姓，把贞丰里更名为“周庄”。当时所建的寺庙就是流传至今的全福寺。发展到元代，周庄逐步形成集镇，商贾贸易呈现繁荣景象。周庄闻名，得益于旅美画家陈逸飞先生在1984年以周庄双桥为背景创作的题为《故乡的回忆》的油画；这幅画让

「周庄河道」

周庄名声大噪，并将周庄带出中国、带到世界。

周庄是一个“岛中之镇”，四面环水，被太湖流域的河港湖汊所滋养。得天独厚的地理优势既为周庄的水上贸易提供便利，促使其富足发展，又使周庄免于兵火战乱的侵扰，从而保存了较为完整的格局形态。“上有天堂，下有苏杭，中间有个周庄”；周庄得此美名，是名副其实的：其小桥流水，粉墙黛瓦，绿柳林荫，河岸斑驳，俨然一副小家碧玉的姿态。周庄浓缩了水乡精华，被世人誉为“中国第一水乡”。地域特质决定了它天生拥有水灵的性格：南北市河、后港河、油车漾河、中市河，形成井字形的水道骨架，河道密织，贯穿古镇，曲折而生动；古民居、古街沿河布置，形成一派临河而居、傍河而市的水乡情景；水上的14座古桥凌于水面，如若干道静谧的彩虹，构成一幅典雅、质朴的水乡立体画卷。

「双桥」

周庄精致的代表是双桥，桥面一横一竖，桥洞一圆一方，因像古代的钥匙而又得名“钥匙桥”。双桥的组合是紧凑的，它将南北市河和银子洪口巧妙地联系起来。

开门即见双桥的张厅相传为明中山王徐达之弟徐逵后裔于明正统年间所建，清初出让给张姓人家，改名“玉燕堂”，俗称“张厅”。张厅是周庄镇仅存的少数明代建筑之一，轩敞明亮的厅堂内布置着明式红木家具，庭柱下的木鼓墩柱础更是明代建筑的典型标志。张厅前、后七进，房屋70余间，占地1800多平方米，雕梁画栋，金碧辉煌。厅旁有箬泾河穿屋而过，正所谓“轿从前门进，船自家中过”，十分贴切地写出了张厅的建

「张厅一角」

筑特色。到后院先要经过一丈见方的水池，院内一条小河与南湖相通；花岗石砌筑的驳岸间如意形状的缆船石上拴着一条小船，展现了“船自家中过”的场景。后院是花草簇拥下的一方雅致小花园，最醒目的景观是一块玲珑剔透的太湖石，端部一峰状如飞燕，因此被称为“玉燕峰”。张厅虽已历经500多年的沧桑，但气派依旧。

周庄最大的民居建筑是沈厅，是由沈万三后裔沈本仁建于清代的故宅。其坐东朝西，为典型的“前厅后堂”的建筑格局，是全镇保存下来的最气派的宅院。沈厅由三部分组成：第一部分是专门供家人停靠船只、洗涤衣物之用的水墙门和河埠，由南市街将其与主体分开。这是江南水乡的特有布局；第二部分由墙门楼、茶厅和正厅组成；最后一部分是大堂楼、小堂楼和后厅屋，总体呈现出前厅后堂的格局。前、后楼屋之间均通过过街楼和过道阁连接，形成一个环通的走马楼，为沈厅所独有。沈厅中值得一提的还有朝向正厅的砖雕门楼，高约6米，三间五楼；上覆砖飞檐，刁角高翘；下承砖斗拱，两侧有垂花。正中有匾额，刻有“积厚流光”四字；下面是五层砖雕，镌刻人物、走兽及亭台楼阁等图案，布局紧凑，层次丰富，线条流畅，刻工精湛，堪与苏州网师园中的砖雕门楼媲美。

「沈厅一角」

「万三蹄髈」

周庄的美一则体现在其美景如画，耐人寻味，秀色可餐；二则是周庄出美食，让人垂涎。这不仅有引张翰挂官返乡的莼菜鲈鱼嫩滑爽口，还有起源于沈万三家的万三蹄号称周庄美食的经典；蹄骨很容易抽出，用刀轻轻将肉划开即可食之，肉嫩味香，甜淡宜人。另一特色是阿婆茶，清香四溢，品啜一口，有了茶的滋味，更有了水乡的韵味。浩瀚的太湖水把周庄孕育得如此美丽、富饶，吴地文化又赋予它灵气，生出周庄人斯文柔和的性格、运筹帷幄的智慧、开敞豁达的胸襟。这些使得周庄从众多水乡中脱颖而出，饱含着雅俗兼济的风范，雅得彻底，俗得到位，轻而易举地就将人们统统征服。

衣被天下：朱家角

「朱家角」

朱家角地处上海西南郊的淀山湖东畔，内有漕港河和朱柳河纵横其间，并与太湖水系相通。水运航道四通八达，千百年来一直是江、浙、沪两省一市交界处的重要集镇；1991年，被上海市政府命名为四大历史文化名镇之一。朱家角自然风光迷人，在一山一湖之间尽显江南水乡特色。如果说周庄小巧精致、似小家碧玉，那么，朱家角则气势磅礴、具大家风采。2007年，朱家角以悠久的历史、深厚的文化底蕴、淳朴的民俗风情、极具特色的古建筑风格和整体保护的完整性，被评为中国历史文化名镇。2008年，获得国家园林城镇、国际花园城市等荣誉称号。

乘船出淀山湖、进宽阔的漕港河，临近古镇，便可见一座气势恢弘的五孔大石桥横卧河面，凌空而起，宛若飞虹；这便是闻名遐迩的江南第一石孔桥“放生桥”。坐落于漕港河边的圆津禅院中高高耸起的清华阁，与放生桥形成对景，成为进入古镇的标志。顺着河道向前，两岸挺立着历经百年沧桑的古民居，青砖、粉墙、石基、黛瓦，精致典雅的民居和前后交叠的古桥，引领众人的目光从漕港和河道间延伸至远方。

朱家角历史悠久，早在6000多年前的远古时代就有了上海先民刀耕火

「北大街商铺」

种的足迹。三国时期，当时的江南大多一片荒蛮，但此处却已人丁兴旺，并形成村落。宋、元时期形成集市，名为“朱家村”。明万历年间正式建镇，名“珠街阁”，又称“珠溪”。清嘉庆年间编纂的《珠里小志》把珠里定为镇名，俗称“角里”。明代的朱家角以布业著称江南，号称“衣被天下”；清初，又因米业而旺，日进5000～7000石。布业和米业带动了百业兴旺，大清邮局、米行油坊、银行洋庄以及电灯厂等历史痕迹在古镇的大街小巷随处可见。古镇街多，为交易提供了场所。九条长街沿河而伸，将水运贸易有序地组织起来。放生桥边的北大街在朱家角最有名气，也最热闹。北大街宽度仅2～3米，虽然不宽，但它背靠黄金水道漕河港，船只往来，交通便利，为朱家角成为历代商业中心奠定了基础。如今的北大街繁华依旧，街道两侧是明清时期保留至今的老宅，还有各式各样的老店，临水而立，飞檐起翘；马头山墙、落地长窗、朱漆排门，无处不散发着古镇浓郁的古朴气息。略显狭窄的青石板路面上，挤满了熙熙攘攘的人群。

在水乡，桥是街的延伸。朱家角古镇现存20多座形式各异的明清古桥，桥的存在便捷了水乡人的生活，又给古镇增添了几分俊俏。横跨在漕港河之上的放生桥长达70余米，为江南地区最大的五孔大石桥；它不仅是古镇景观的标志，也是当年筑桥技术和财力的展示。泰安桥是另一座闻名的古

「放生桥」

「泰安桥」

桥，相传此桥是上海现存最陡、最古老的单孔拱桥，古桥连通了北大街和漕河街；它起拱高，比起周庄、西塘的桥，它显得更浪漫、更大胆。就连周庄闻名于世的双桥与之相比，也似乎过于平静了些，缺乏泰安桥的力度和动感。古镇水网密集，“开门便见河，出门动舟揖”，反映的是真实的水乡生活与交通状况。小船与河埠及缆船石密不可分；朱家角河埠密集，缆船石造型各异、数不胜数。至今，河里渔船与岸上的住家还在做着鱼鲜生意。

「城隍庙」

朱家角城隍庙位于漕河街祥凝浜上，形似衙门一般，显得十分肃穆。在古代，城隍庙一般只出现在县级以上的城池中，而朱家角古镇的行政级别较低，一般是不设城隍庙的。据传，此座城隍庙是青浦城隍的行宫；城隍巡游是惯例，但在一个镇里专门设立行宫，足见朱家角地位的不凡与经济的繁华。城隍庙座东朝西，正门临河有一垛照墙，两边为东、西辕门，一对石狮守门。城隍庙当初不仅有戏台、院落、正殿、侧殿，而且两厢、两庑则包括左边的寅清堂、玉照廊、月香室、照春台，右边的凝和书屋、荷净山房、潭影阁、可娱斋、挹秀轩、含清榭以及亭台楼阁、假山水池等，时人统称“城隍庙十二胜景”。如今，只留下了左侧院的太子殿、观音殿等建筑。

除了城隍庙，朱家角的名刹古寺也有很多，更是让它享誉沪内外，其中的圆津禅院便是这镇上最为知名的一个。圆津禅院建于元至正年间，为古镇著名古刹；因院内塑有辰州圣母像，故又名“娘娘庙”。禅院结构小巧，佛像不多，但都精雕细刻，光彩耀目，庄严肃穆。禅院处于漕河街与漕港河的交汇口处，风水极好，来往船只或周边路人远远就能看见禅院黛瓦黄墙、飞檐翘角，镇上信徒的香火一直延续至今。而在古镇的外围，位于淀山湖畔的报国寺的年代则更为久远；它是上海玉佛寺下院，寺内缅甸白玉雕成的释迦牟尼玉佛、新加坡赠送的第一尊白玉观音及千年古银杏被称为报国寺“三宝”。在这样一个水乡古镇，传统宗教文化活跃至今，可见此地经济的繁盛也带动了文化的昌明。

「圆津禅院」

除了本土的宗教寺庙，这里还有一座天主教堂也坐落在漕河街上。西方教堂的存在，让人感叹朱家角开放的胸襟和包容的情怀；它包容了这西方的宗教，并让它也渐渐成为这独特水乡中不可或缺的一景。

朱家角虽然隶属上海，但古镇内绝大多数的建筑体现的仍然是中国传统的建筑风格，整体上呈现出古典水乡民居的独特风貌。这里的民居初看好像和其他水乡并没什么区别，但细细看来却又隐藏着一些西方建筑的影子，想必是受到上海近代文化及建筑形式影响的缘故。这里，既吸纳了来自上海的新鲜文化元素，同时又保留了传统建筑的优势，显示出朱家角的包容与开放。坐落在西湖街上的大清邮局就是中西合璧建筑的代表之一；它建于清同治年间，是当时上海地区13家主要邮站之一，也是目前华东地区唯一留存的、由清廷正式修建的官方邮局。邮局的门头和建筑有西式山花和卷草雕饰，体现了浓郁的西洋风格。邮局门口有一个深绿色的铁质老邮筒，雕有盘龙；就此一个小小的邮筒也足见匠人们在保持包容心态的同时也能运用传统的精湛技艺进行创新。

古镇的巷弄中还分布有许多名人大户留下的住宅园邸，如席氏厅堂、仲家厅堂、课植园等，它们都奇巧精致，与沿街的民居古宅融为一体。俗称“马家花园”的课植园建于1912年，是园主马文卿耗银30余万两，访遍江南名园大宅、历时15年才建成的。课植园汇集了江南园林精华，将中国的传统建筑艺术与当时的西洋建筑文化进行了有机融合，园内的藏书楼和塔楼中西合璧、构思精巧，在私家园林中实为罕见。

不仅朱家角的建筑体现出大度、包容、多元、丰富，而且由于有着精益求精、锐意进取的人文精神，这里同样也不缺少才子佳人、江南才俊。仅明、清两代就出现了16位进士、40多位举人，另如清代著名学者王昶，御医国手陈莲舫，集名医、小说家于一身的“云间龙”陆士愕，报业资本家席裕福，南社女诗人陆灵素，篆刻家吴元亭，近代植物学前驱吴蕴珍，昆曲艺术的薪传者夏焕新等都是朱家角的骄傲。这里的文人雅士、官宦达人、富商巨贾多得不胜枚举，各行各业都人才辈出；他们为朱家角的后人留下了不可抹灭的印记，有的留下了府邸、园林，有的留下了历史传奇。

东方明珠：上海

「上海」

上海位于长江中下游平原最东端，北依长江，南临杭州湾，西与江苏、浙江两省为邻，东濒东海，地理位置十分优越。上海拥有深厚的近代城市文化底蕴和众多历史古迹，江南的吴越传统文化与各地移民带入的多样文化相融合，形成了特有的海派文化。上海气候属北亚热带海洋性季风气候，水量充沛，物产丰富，经济繁荣，是我国最大的经济中心。

上海地区是人类开发最早的地区之一，目前已发现27处重要的古文化遗址。在历史上，上海地区，春秋属吴。战国先后属吴、越、楚。秦设会稽郡鄮县，县治在今金山附近。唐天宝十年（公元751年），吴郡太守奏准设立华亭县，上海地区始有相对独立的行政区划。南宋咸淳三年（公元1267年）置上海镇，为海外贸易港，时为华亭东北一巨镇。元世祖至元十四年（公元1277年）置华亭府，次年改名“松江府”；元至元二十九年（公元1292年）析华亭县东北五乡（高昌、长人、北亭、海隅、新江）设上海县。明洪武二十四年（公元1391年）上海县境内人口达53万，是“东南名邑”之一。有康熙二十四年（公元1685年）设江海关署于上海县城小东门内，时至清嘉庆年间，上海已成为全国性的贸易大港和漕粮转运中心。清道光二十二年（公元1842年）英军占领上海，签订《南京条约》，规定上海等五口通商，开放门户。上海开埠后，很快便取代广州而成为中国最重要的对外贸易中心；同时，各外国资本纷纷在上海开设银行40多家，使上海成为中国最大的金融中心。解放后，经过长期、艰巨的改造和建设，上海现已成为全国最大的经济、文化、金融、外贸中心城市，成为世界闻名的大都市。

「外滩」

上海外国租界的开辟使西方建筑随之而来，出现了教堂、洋行、银行、领事馆等各类型建筑。特别是1840年以后的西方建筑正处于文艺复兴后期向近代建筑的过渡时期，上海也留下了世界各国风格迥异、各具特色的建筑，其数量之大、质量之优、类型之多而据全国之首，被中外建筑界誉为“万国建筑博览会”。上海外滩北起外白渡桥，南抵金陵东路，东临黄浦江，西面矗立着20多幢错落有致、几乎荟萃所有欧美古典风格的西洋建筑，其分布之集中、造型之丰富，为当世所罕见，是上海最富有万国建筑特色的一条滨江大道。外滩是上海近代历史的一个缩影，也是我国目前完整保留下来、规模较大且最为著名的万国建筑特色街。从外滩西洋建筑的风格来看，既有英国古典风格的，也有哥特式的、巴洛克风格的、文艺复兴风格的，还有美国芝加哥学派的建筑，也不乏罗马、希腊古典风格的建筑。这些至今保存完好的欧美多国风格建筑各具特色，又很协调，构成了外滩景观的主体部分，具有很高的旅游观光和艺术欣赏价值。

上海江海关是上海的标志，建筑形式为欧洲古典建筑和近代建筑相结合的折中主义形式。建筑沿外滩大门为希腊多立克式柱廊，柱式符合经典标准，是我国最标准的希腊多立克柱式。建筑中央立着四面钟楼，用伦敦大本钟的乐曲报时打点。汇中饭店（今和平饭店南楼）属近代英国风格的旅馆建筑，被公认为20世纪初建筑艺术与建筑功能结合较好的建筑；其建筑外观和内装饰较多采用巴洛克艺术。汇中饭店也是上海最早开设屋顶花园的旅馆，在平屋顶的东、西两端各建一座带有浓厚巴洛克艺术情调的塔式凉亭；同时，两座亭子大楼构成一体，既增加了建筑的高度，又使建筑显得挺拔。

「中共一大会址」

由于近代上海是帝国主义在政治、经济、文化等方面侵略中国的基地，因此，备受压迫和剥削的上海人前仆后继地进行着反帝反封建斗争，从而也留下了大量的近代革命史迹和纪念地。中共一大会址在上海市卢湾区兴业路76号。中共一大共开9天，通过了中国共产党第一个纲领，选举了中央领导机关，宣告了中国共产党的诞生。会址是一幢二层石库门房屋，客堂内放着长方形会议桌，桌上放着花瓶、茶具、烟灰缸，四周是圆凳。中共一大纪念馆现设3个陈列室，真实地反映了中国共产党的建党历史。

上海市徐汇区龙华路2591号是龙华烈士陵园，原址系1928—1937年国民党淞沪警备司令部，国民党曾在此关押、审讯、杀害共产党人、爱国志士千人以上。现保留大厅、男女看管所、电话总机房等部分建筑，后面空地及附近农田间是秘密枪杀、活埋革命烈士的场所。1931年2月7日深夜，国民党反动派就在空地上杀害了24位烈士，1950年在此掘出24位烈士的遗骸。这两处便称为龙华革命烈士纪念地，1988年国务院公布为全国重点文物保护单位。这两处现为龙华烈士陵园的组成部分。陵园包括龙华路2887号原龙华公园并经扩充，1994—1995年将漕溪路原上海革命烈士陵园内的烈士墓全部移葬于此。现龙华烈士陵园正门即原龙华公园大门，有邓小平题“龙华烈士陵园”石刻和江泽民题“丹心碧血为人民”。园内有举行凭吊仪式的广场、烈士诗碑廊、烈士雕像和群雕，以及革命烈士纪念馆。

「豫园」

位于上海南市区老城厢东北的豫园是上海市区仅存的一座古代园林，为全国重点文物保护单位。豫园占地30余亩。迎面是高敞华丽的三穗堂，其后为仰山堂、卷雨楼，外形颇多变化。堂前临水池，隔池为黄石大假山；由仰山堂观大假山，山林景色，历历在目：山间有蹬道、峭壁、瀑布、溪流，山势雄伟，峰峦起伏，人临其境，仿佛置身于天然山水之间。池东为“渐入佳境”曲廊，其入口处蹲列元代铁狮一对，造型生动。过曲廊，粉墙上嵌有“峰回路转”石刻；东面是以万花楼、鱼乐榭、会心不远亭组成的庭院。溪水从月洞流过，隔院景物，倒影清晰。万花楼前有植于明代的银杏及枝叶繁茂的广玉兰，夏日浓荫满院，隔水粉墙下的山石花木组成一幅幅图画。万花楼东是以点香堂为中心的建筑群，堂名出自苏轼词“翠点春妍”。1853年9月上海小刀会起义，曾在此设“点春堂公馆”，作为起义的指挥所。堂前有打唱台，堂东倚墙叠山筑屋，下有石洞小溪；山巅的快楼形体轻巧玲珑。内园原为邑庙后花园，占地仅2亩，结构完整，自成体系，是上海保留完整的一所清代小园。园以“晴雪堂”为主体，敞口带廊，装修华丽;堂东有溪流与廊、亭、花墙组成小庭院。厅前叠山，山后环以高楼，参差错落，为此园特色。

图书在版编目(CIP)数据

长江流域的名城古镇/万艳华编著.—武汉：长江出版社，2015.9

(长江文明之旅丛书)

ISBN 978-7-5492-3665-7

Ⅰ.①长… Ⅱ.①万… Ⅲ.①长江流域—乡镇—介绍 Ⅳ.①K925.05

中国版本图书馆CIP数据核字(2015)第211110号

长江流域的名城古镇　　万艳华 编著

责任编辑：钟一丹

装帧设计：刘斯佳

出版发行：长江出版社

地　　址：武汉市解放大道1863号　　**邮　　编**：430010

E-mail:cjpub@vip.sina.com

电　　话：(027)82927763(总编室)

(027)82926806(市场营销部)

经　　销：各地新华书店

印　　刷：武汉市科利德印务有限公司

规　　格：787mm×1092mm　1/16　10.25印张　140千字

版　　次：2015年9月第1版　2015年9月第1次印刷

ISBN 978-7-5492-3665-7

定　　价：29.80元